Bibliografische Information Der Deutschen Bibliothek

Die Deutsche Bibliothek verzeichnet diese Publikation
in der Deutschen Nationalbibliografie.

Detaillierte Bibliografische Daten sind im Internet über http:// dnb.ddb.de abrufbar
ISBN 3-930953-12-9

Freiheit vom Denken

von Ashok Gollerkeri

Übersetzung aus dem Englischen: Manfred Jansen

WU WEI Verlag · Isabella Sonntag
Seestrasse 54 · D-86938 Schondorf · Tel.: +49 (0)81 92-93 41 92 · Fax: +49 (0)81 92-93 42 57
Isabella.Sonntag@gmx.de · www.wu-wei-verlag.com

Druck: Laub GmbH & Co.
Illustrationen: Andreas-Igor von Moos
Umschlaggestaltung und Layout: Igor von Moos | communication by design / Luzern

SELBSTERFORSCHUNG
von Ashok Gollerkeri

Freiheit vom Denken

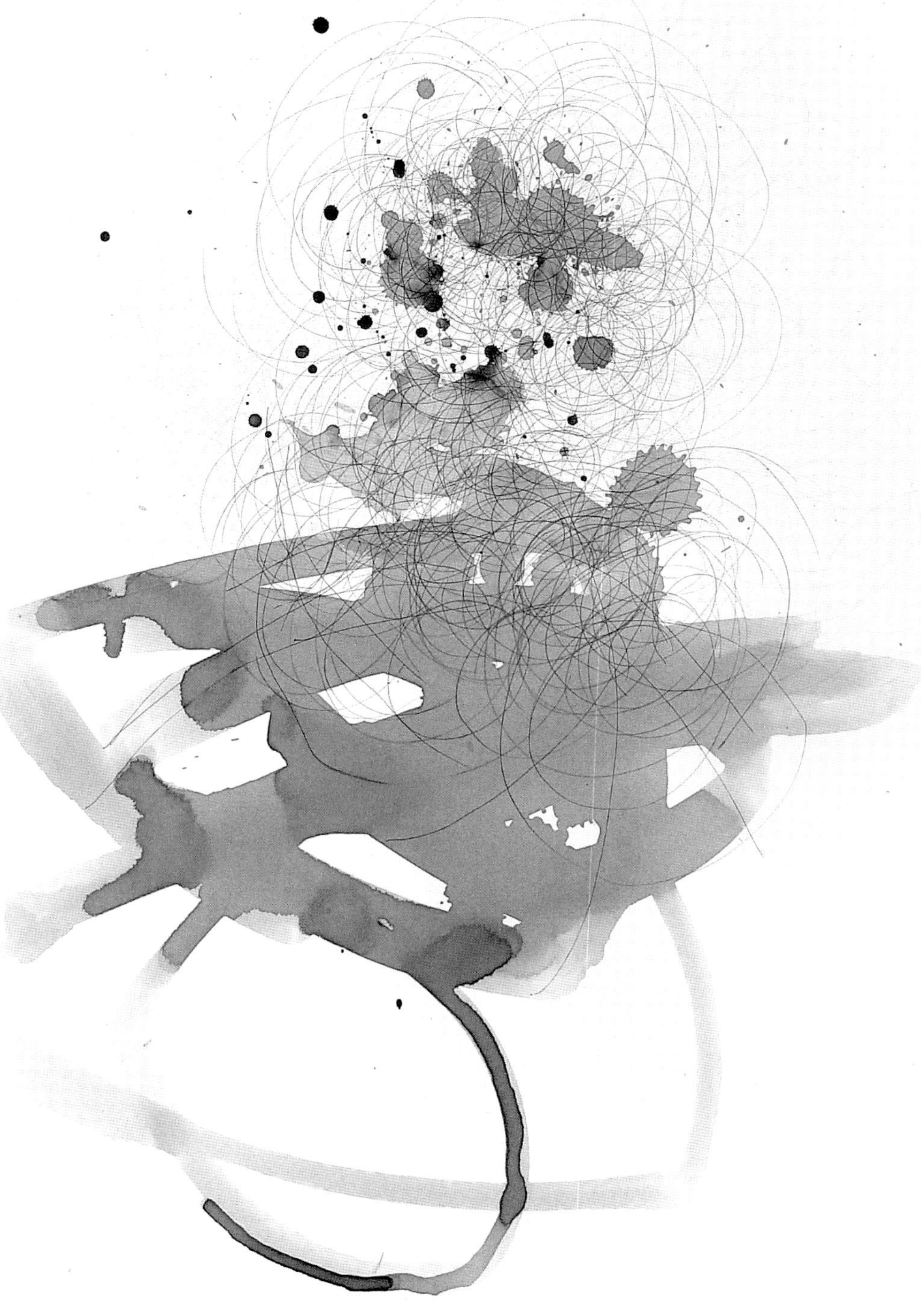

Inhalt

ZU DEN ILLUSTRATIONEN

"Am Anfang jeder Zeichnung steht eine Frage. Ohne nach einer Antwort auf der Suche zu sein, führen meine Fragen mich direkt ins Nichts. Absichts- und gedankenlos, öffnet sich mir die schöpferische Fülle. Was auf dem Papier entsteht, ist wie eine Blume, die sich öffnet und ich schaue dabei zu." Andreas-Igor von Moos

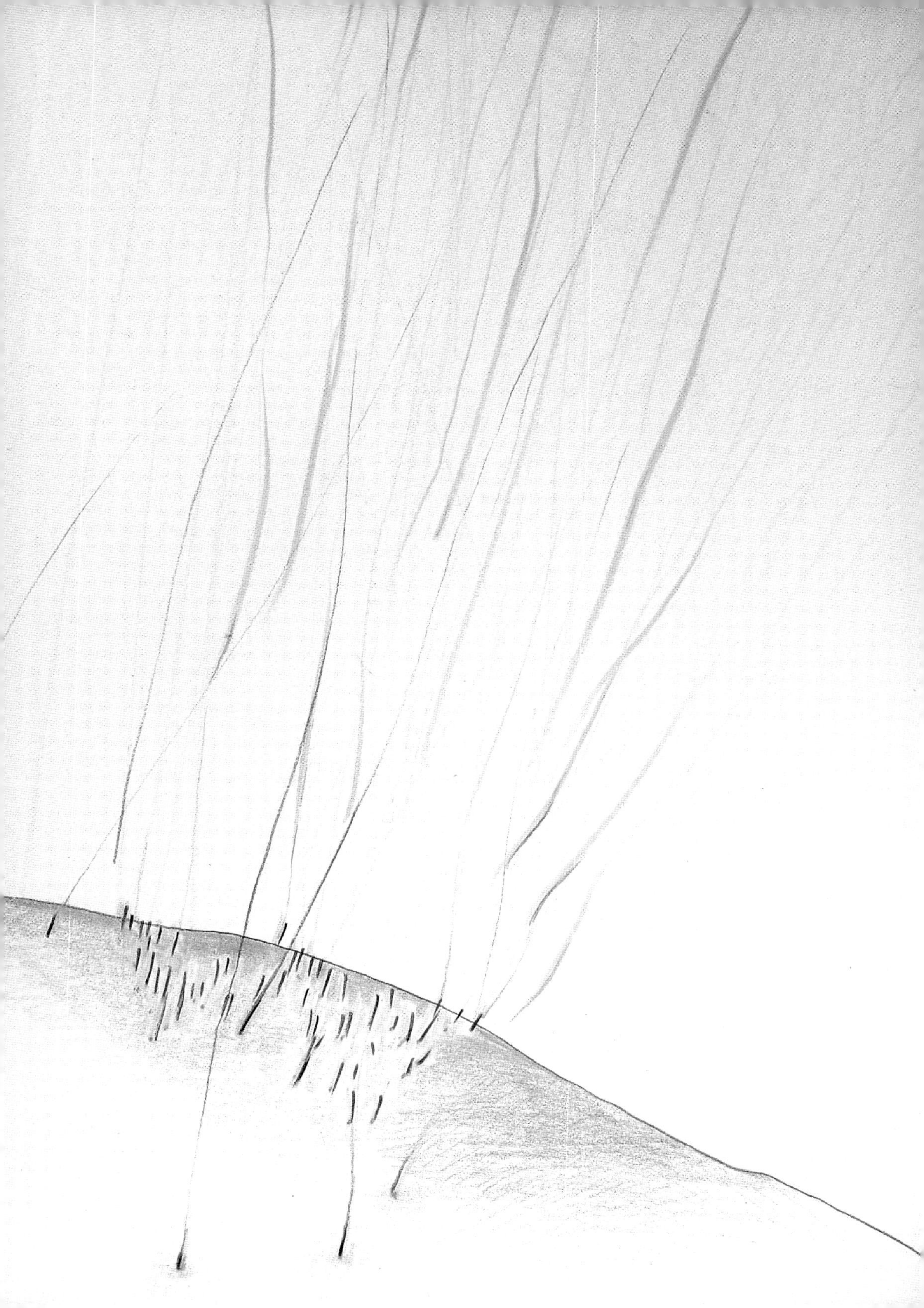

Widmung

Dieses Buch ist meiner Mutter Rama und meinem verstorbenen Vater Umesh Gollerkeri gewidmet, die mir durch ihr Beispiel gezeigt haben, was wahre Liebe und echtes Mitgefühl sind. Ohne ihre bedingungslose Liebe und Unterstützung hätte das mir mitgegebene Gefühl der Einheit mit der gesamten Menschheit und Schöpfung nicht zur Blüte bewusster Wahrnehmung gelangen können.

Danksagung

Tiefen Dank schulde ich meiner Frau Archana für ihre große Liebe und Loyalität, ihren Mut und ihre Unterstützung. Ohne ihre Liebe und Unterstützung hätte dieses Buch nicht entstehen können. Auch meinem kleinen Sohn Vishaal bin ich sehr dankbar, hat er mir doch vieles beigebracht, was Spontaneität, Unschuld, Liebe und Vergebung anbelangt. Unsere Kinder können in vielerlei Hinsicht unsere Lehrer sein, wenn wir die Bescheidenheit aufbringen, genau hinzuschauen und von ihnen zu lernen.

Zutiefst dankbar bin ich Sincere Wise, dem Gründer von Truborn Publishing, London, für seine außergewöhnliche Bescheidenheit und Unterstützung. Auch Andreas-Igor von Moos, einem in der Schweiz lebenden Gestalter, gebührt mein Dank für seine Großzügigkeit und Bereitschaft, mir mit seinem Talent und seinem Fachwissen zur Seite zu stehen. Er hat den wunderbaren Umschlag meines Buches und die Illustrationen in diesem Buch entworfen. Seine Bereitschaft, seine Sachkenntnisse in das Projekt einfließen zu lassen, hat mich sehr berührt: vielen Dank, Andreas-Igor!

Für die Wertschätzung und Unterstützung meiner Arbeit danke ich auch:
Jane Mullikin von www.spiritualsisters.com, Simona Nielsen von www.simonanielsen.com, Richard Pouncy von www.blackvision.com, Mary Hession von www.ethericrealms.com, Jennifer Levine von www.journeyofthesoul.us, Kevin Feeney, dem Herausgeber der Zeitschrift "Thought", Regina Williams, Herausgeberin von "The Storyteller", Roberta Shaler, Ph.D., von www.OptimizeLifeNow.com und den vielen anderen, die mir stets eine Quelle der Unterstützung und Inspiration gewesen sind.

Ich danke meinen Lesern, die ich zumeist über das Internet erreicht habe, in über 45 Ländern der Erde für ihre Unterstützung und Liebe. Mit ihrer Mitgliedschaft in meiner Yahoo-Online-Gruppe haben sie meine Arbeit gefördert und dafür monatlich einen Essay von mir erhalten. Die Reaktionen von Menschen aus aller Welt waren es, die mich bewogen haben, weiter zu schreiben, mich im Geist der Einheit an alle Menschen dieser Erde zu wenden – ganz gleich, welchem Volk oder welcher Nation sie angehören, wie alt sie sind oder welches Geschlecht, welche Religion, Kultur, Bildung oder finanziellen Hintergrund sie haben. Meine Arbeit und die Reaktionen meiner Leser auf der ganzen Welt feiern in der Tat unsere universelle Einheit als gleichwertige Menschen auf dieser Erde.

Und "last, but not least" gilt mein Dank auch Isabella Sonntag mit ihrem Pioniergeist, ihrer kosmopolitischen Einstellung und globalen Vision. Dadurch ist es möglich geworden, meine Arbeit auf Deutsch zu veröffentlichen, damit auch das deutschsprachige Publikum auf seine Kosten kommt. Es bereitet mir große Freude, mich an diese Leserschaft in ihrer Muttersprache wenden zu können, um die Einheit der Menschen auf der Erde zu feiern.

Vorwort von Jane Mullikin

Mir träumte einmal von einem schrecklichen Chaos und tödlicher Zerstörung überall, die Angst durchdrang den träumenden Geist, während er sich mühte, die Trümmer auf der Suche nach dem „Ich“ beiseite zu schieben. Nirgends konnte ich einen Hinweis auf dieses „Ich“ finden, aber der Traum selbst enthüllte die Wahrheit über meinen Aufenthaltsort. Ich war wieder ein ganz kleines Kind und befand mich in einem wunderschönen Garten, um mich herum viele Tiere, die mir Schutz boten. Es war ein friedlicher Ort voller Liebe, an dem die Zerstörung keinen Platz hatte.

Der Traum symbolisiert Ashok Gollerkeris Schreiben. Es „fließt“ aus einem Reich jenseits des Denkens. Sein Geist, befreit von den Sorgen, dem „Chaos“ des Körpers und Geistes, wendet sich nach innen, an einen unerschöpflichen Schatz, an seinen Wesenskern, einen Zustand der Zeitlosigkeit und gedankenfreien Bewusstheit, dem tiefsten Selbst, das wir kennen. *“Wenn wir unser tiefstes Selbst annehmen, werden wir mit der gesamten Schöpfung in einem Meer der Einheit verschmelzen”*, schreibt Ashok, wenn er sich an uns wendet, sein Herz öffnet und sich spontan und ungezwungen aus seinem tiefsten Sein heraus ausdrückt. Wie der Regen, der sich aus den Himmeln ergießt, die Erde erfrischt, so fließen die Worte tief aus Ashok Gollerkeris Geist. Er drückt sein tiefstes Wesen in seinem Schreiben aus und dadurch, dass er uns daran teilhaben lässt, dass er sich spontan ausdrückt, entsteht ein müheloser „Strom“ aus der Ruhe und Ekstase des Geistes, der sich auf ein vollkommenes und ausgewogenes Universum hinbewegt.

Wenn wir uns in einer sternenklaren Nacht an den Rand des Wassers begeben und von der Unendlichkeit des Universums nippen, wird uns die vollkommene Ausgewogenheit zwischen Himmel und Wasser zuteil, während die Sterne ihre immer gleiche Position einnehmen. Dem eigenen Geist wird es ermöglicht, alles das, was ist, in sich aufzunehmen und sich von dem zu lösen, was menschlich ist.

Ashok verbringt viel Zeit auf einer fixen Plattform im Meer, einem Ort, an dem er sich am besten über die ungeheure Weite des Universums bewusst werden kann, und wo er sich über die Bedeutungslosigkeit des Menschen und die Widrigkeiten, die er erdulden muss, Klarheit verschafft.

> *Das bewusste Gefühl dieser Freude und Ekstase, das Gefühl dieser Freude, andere zu bereichern, sie heilen und ihnen helfen zu können und andere durch mein Schreiben mühelos zu inspirieren, hat mich bewogen, mich immer wieder durch Schreiben an andere Menschen zu wenden, mich ihnen mitzuteilen. Das ist mein einziges Anliegen gewesen: mich anderen mitzuteilen, sie zu bereichern. Dieses Herausfließen der Liebe ist ein Fest der Einheit, und das heißt Teilen.*

Die Einsamkeit seiner Plattform im Wasser lässt Ashok jedes Zeitgefühl vergessen. Er verliert jeden Bezug zu den Problemen der menschlichen Existenz und lässt spontan die Worte direkt aus seinem Herzen fließen. Anders kann Ashok gar nicht schreiben.

Anmerkung: Jane Mullikin hat die amerikanische Web-Site www.spiritualsisters.com ins Leben gerufen, auf der Ashoks Kolumne „Balanced and Centered“ zu finden ist. Seine Web-Site wird täglich von 500 Interessenten aus 141 Ländern besucht.

BEGLEITWORT

Alles ist Sprache, alles ist Weg — von Emil Schwarz

Selbsterkenntnis setzt Selbsterforschung voraus. Selbsterforschung setzt Selbstwahrnehmung voraus. Selbstwahrnehmung setzt Selbstachtung voraus.

So könnte man weitergehen, und irgendeinmal käme man dort an, wo sich das Selbst selber befindet, das keine Voraussetzungen hat, das nichts hat, was vor ihm ist.

Ich will damit sagen, dass es den Weg gibt, den Weg zum Selbst, und dass dieser Weg die Sache ist, um die es eigentlich geht; um das Selbst kann es nicht gehen, denn der Weg ist das Ziel, und solange man dort ist, dort auf dem Weg, ist man im Ziel.

Selbsterforschung heisst also nicht, seinem Selbst suchend näher zu kommen, sondern sich findend den eigenen Weg zu gehen. Suchen und Finden sind Gegensätze, weil man nicht findet, solange man sucht. Selbsterforschung kann also nicht dieses Suchen bedeuten, das im Westen verbreitet ist und das immer wieder in die Sackgasse führt, in die Sackgasse, von der alle Weisen gesprochen haben und in die dennoch die meisten gehen, die Selbsterforschung betreiben, indem sie den Weg vergessen und das Selbst so verlieren, anstatt in ihm zu sein.

Mit dem Selbst ist es so eine Sache. Es ist immer irgendwo in der Ferne, wenn man es sucht und zu ihm zu kommen versucht. Es ist immer ganz nah, wenn man in ihm in das hinein geht, was einem das Leben gibt.

Im Selbst sein ist dieser Zustand, der der Leere entspricht. Und die Leere kann immer nur jetzt sein, im Jetzt dieses Wegs, auf dem man sich selber befindet. Niemand kann einen zur Leere führen, weil niemand dort ist, wo man sich selber befindet. Niemand ist dort, wo man sich selber befindet, weil alles so ist, dass es einmalig ist.

Selbsterforschung ist also nie etwas, das man vermitteln kann, denn solange man Selbsterforschung vermittelt, ist der Weg nicht mehr das Ziel, sondern der Weg bekommt dann das Ziel, das er gar nie erreicht, denn es ist immer irgendwo in der Ferne, immer weit weg.

Wer sich selber erforschen will, kann dies nur tun, wenn er seinen eigenen Weg, diesen Weg geht, der einmalig ist, einmalig und so, dass er nicht nach einem Muster verläuft, denn Muster gibt es nicht in der Natur. In der Natur gibt es jedoch Gesetze, und wenn man sich nicht an die Gesetze hält, kann man nicht dort sein, wo sich der eigene Weg befindet.

Der eigene Weg kann nur einmalig sein, weil es diese Gesetze gibt, die nicht als Muster funktionieren, sondern als bewegliche, unendlich flexible Strukturen, die nichts unmöglich machen, aber allem diese Entwicklung geben, die es zu seiner Erfüllung führt.

Ich würde gerne weiter ausholen, aber der Platz, den ich habe, ist viel zu klein, um die Sprache soweit zu bringen, dass die Gesetze, von denen ich spreche, nicht als abstrakte Gesetze erscheinen, sondern als diese Gesetze,

in denen das Selbst seine Unsichtbarkeit ins Sichtbare holt.
Die Gesetze sind dazu da, dem Weg diese Richtung zu geben, die vom Unsichtbaren ins Sichtbare geht, aber auch vom Sichtbaren ins Unsichtbare. Wenn man sich selber erforscht, muss man den Weg der Gesetze gehen, denn dieser, nur dieser ist so, dass er im Selbst und nicht irgendwo anders ist.

Wenn von Gesetzen die Rede ist, kommt es in uns immer zu diesem Reflex, dass eine Abwehr entsteht, denn sobald wir eingeschränkt werden, wehrt sich etwas in uns. Doch die Gesetze, von denen ich spreche, sind das Gegenteil dieser Gesetze, die die Gesellschaft bestimmen und die ihr diese Unfreiheit geben, in der sich niemand entwickeln kann. Ich spreche von diesen Gesetzen, die der Schöpfung die Fähigkeit geben, eine Entwicklung zu machen und so sich selbst zu erfahren.

Aber nun muss ich diese Gesetze genauer erklären, denn sonst erkennt man sie nicht und glaubt, sie seien irgendwie ähnlich wie diese Gesetze, die von uns gemacht werden. Die Gesetze, in denen die Schöpfung ihre Entwicklung vollzieht, verhindern nichts und schränken nichts ein, sondern sie öffnen, ja, sie öffnen ununterbrochen, weil, wie ich schon sagte, ihre Aufgabe darin besteht, die Schöpfung vom Unsichtbaren ins Sichtbare hinein zu bringen. Wenn man dies sieht, dann sieht man auch gleich, dass es keine Schöpfung ohne Gesetze gibt, dass es Schöpfung nur innerhalb dieser Gesetze gibt, die elementar sind, weil sie den Elementen entsprechen.

Endlich sind wir jetzt dort, wo die Selbsterforschung nichts anderes ist als dieser Weg, der den elementaren Gesetzen gehorcht. Endlich sieht man jetzt auch, dass Selbsterforschung nichts anderes ist als das Selbstsein im Jetzt. Wenn jemand sich selber ist, steht er nicht still und er resümiert auch nicht irgendetwas, sondern er geht dann den Weg, den jeder gegangen ist, jeder, der seine Einmaligkeit in die Gesetze gab, von denen er dorthin getragen wurde, wo er Selbsterkenntnis bekam.

Selbsterkenntnis könnte man als die Frucht der Selbsterforschung bezeichnen, was konsequenterweise bedeutet, dass Selbsterforschung nicht Selbstzweck ist. Selbsterforschung ist immer der Weg, und wenn man ihn geht, dann führt er irgendwohin. Irgendwohin heisst aber nicht in irgendetwas hinein, in irgendetwas Beliebiges. Nein, irgendwohin ist das Wort für den Ort, an dem das Selbst schöpferisch ist und Wirklichkeit aus sich entlässt.

Wirklichkeit ist immer die Sache, die sich der Selbsterforschung verdankt, denn ohne Wirklichkeit wäre die Selbsterforschung eben ein Selbstzweck und etwas, das nichts aus sich entlässt. Etwas, das nichts aus sich entlässt, verwandelt sich nicht und wächst nicht in das hinein, was in ihm ist.

In jedem von uns, ja, in allem, was lebt, ist soviel enthalten, dass es unmöglich ist, dass es ein Ende gibt, ein Ende des Wegs. Und weil der Weg dieser ist, der niemals aufhört, ein Weg zu sein, versteht es sich ganz von selbst, dass der Weg nur das Ziel sein kann und dass es das Ziel nicht mehr gibt, sobald es den Weg nicht mehr gibt.

Selbsterforschung ist, wie ich schon sagte, der Weg. Und weil jeder Weg einmalig ist und seine Einmaligkeit innerhalb der Gesetze, der elementaren Gesetze verwirklicht, kann es weder Methoden noch irgendwelche Rezepte geben, um dorthin zu kommen, wo jeder hinkommen will, der sich selber erforscht. Jeder, der sich selber erforscht, will Selbsterkenntnis erhalten. Und jeder, die sich selber erkennt, will den eigenen Weg mit den Gesetzen verbinden, die allem zugrunde liegen, allem, was es irgendwo gibt.

Nach dem Weg, den ich jetzt ging, weiss man genau, dass Selbsterforschung Sprache benötigt. Und weil Selbsterforschung Sprache benötigt, kommt man nur dann voran, wenn man sich dorthin begibt, wo die Sprache nicht mehr dem Denken gehorcht, sondern dem Geist.

Selbstverständlich kann man dies nur, wenn man sieht, dass das Denken nichts anderes ist als eine Funktion, die der Körper besitzt. Das Denken kann nur den Körper erforschen, aber nicht dieses Selbst, um das es jetzt geht. Selbsterforschung kann man nur so betreiben, indem man den Körper verlässt und indem man die Schwingung des Geistes in sich verstärkt.

Wenn man die Schwingung des Geistes verstärkt, kommt man von dieser in die Erkenntnis hinein, in dieses Sehen hinein, das alles gleichzeitig sieht. Wenn man im Sehen des Geistes ist, weiss man, weshalb es so ist, wie es ist. Und wenn man weiss, weshalb es so ist, wie es ist, weiss man auch, wie es ganz anders wird, anders als es jetzt ist.

Natürlich ist das schon wieder ein Weg, der Weg vom Sehen zum Wissen und vom Wissen dorthin, wo es Entscheidungen gibt und wo den Entscheidungen Handlungen folgen, Handlungen, die den Gesetzen entsprechen und die sich deshalb anders als diese Handlungen auswirken, die als Denkhandlungen die Absicht verfolgen, die Gesetze der Schöpfung so zu verändern, dass diese ganz anders wird.

Der Weg, den ich jetzt eben gegangen bin und der seine eigene Sprache gefunden hat, wurde vom Buch, das Ashok Gollerkeri geschrieben hat, angeregt und dorthin gebracht, wo es die Selbsterforschung nur gibt, weil es den Weg gibt, der das Ziel in sich hat. Ich wurde von Ashok Gollerkeri angeregt, die Sprache so zu behandeln, dass sie den Weg nicht erklärt, sondern solcherweise beschreibt, dass er nachvollzogen, aber nicht nachgeahmt werden kann. Ich wurde von Ashok Gollerkeri also dorthin gebracht, wo er selber zu Hause ist und wo jener geboren wurde, der sagte: «Der Weg ist das Ziel».

In Indien ist es noch heute so, dass Selbsterforschung zum Alltag gehört und dass dieser, der sich selber erforscht, nicht allein ist, sondern in dieser Gemeinschaft, von der man einmal gesagt hat, sie wisse viel mehr als andere Gemeinschaften wissen, weil in Indien diese Schwingung ist, die dieser des Geistes entspricht.

Die Schwingung des Geistes ist in Indien wirklich sehr stark, obwohl die Schwingung des Denkens ihr inzwischen den Weg versperrt und es ihr unmöglich macht, aus dem Wissen heraus in die Entscheidung zu gehen und von dieser in diese Handlung, die vielen die Kraft geben könnte, ihr Jetzt in die Gesetze hinein zu geben, in denen sich das ereignet, was sich in Indien immer wieder ereignet hat.

In Indien wurden vor viertausend Jahren die «Veden» geschrieben. Und die «Veden» sind das Ergebnis des Wegs, dem Ashok Gollerkeri Erforschung sagt, Selbsterforschung, was, wie ich wohl zeigen konnte, nichts anderes ist als die Sache, um die es jedem, der unterwegs ist, geht.

Unterwegs begegnet einem nicht nur die äussere Welt, sondern vor allem die innere Welt. Und wenn man die äussere und die innere Welt ganz genau beobachtet, dann zeigt sie sich einem so, wie sie in Wahrheit ist.

In Wahrheit wurde die Welt je länger je mehr zur Welt dieser Göttin, die den Schein verwaltet und aufrecht erhält. In Wahrheit ist diese Welt, die der Welt das Scheinbare gibt, allein geblieben. Und weil sie allein blieb, wurde der Schein je länger je dichter. Und deshalb geschah es, dass kein Weg mehr erkennbar ist und dass viele nur noch Ziele verfolgen, Ziele, die irgendwo sind, irgendwo, aber nicht dort, wo sie jetzt, in ihrem gegenwärtigen Dasein sind.

Sobald sich jemand aus dem Schein heraus holen kann, verwirklicht sich etwas. Ja, es geschieht, dass die Schöpfung sein Dasein erfasst und dass dieses durch ihn gestaltet. Schöpfung ist immer Schöpfung, und wenn Schöpfung der Weg ist, der nicht aufhören kann, dann erkennt man schlussendlich, dass dieser, der sich selber erforscht, niemand anderer ist als dieser, der in Übereinstimmung mit den Gesetzen sein eigenes Leben gestaltet, es so gestaltet, dass sichtbar wird, was unsichtbar ist.

Das Ende des Essays, den ich geschrieben habe, um den Essays, die Ashok Gollerkeri geschrieben hat, eine Antwort, aber auch eine Ergänzung zu geben, ist in Wahrheit kein Ende, denn es gibt nur den Weg, den Weg, der niemals zu Ende geht, der immer am Anfang ist, am Anfang und dort, wo sich die Göttinnen nicht gegeneinander stellen, sondern wo sie einander ergänzen und solcherweise der Schöpfung die Wege geben, die immer geheimnisvoll sind und immer ein Wunder.

Ich wünsche mir, dass Ashok Gollerkeri diese Leser findet, die sich ebenfalls anregen lassen und die sich dorthin begeben, wo sie sich selber erforschen und selber erkennen.

Emil Schwarz

Die Tyrannei der Vergangenheit durchbrechen

Es kann sein, dass wir wie Sklaven der Umstände gelebt haben, ohne darauf Einfluss zu haben. Doch indem wir an diesen Erinnerungen festhalten, die in unser Bewusstsein eingeprägt sind, machen wir uns auch im Hier und Jetzt zu Sklaven. Das muss nicht sein. Wir müssen nicht Sklaven der Tyrannei der Vergangenheit sein. Und trotzdem sind die meisten Menschen mehr oder weniger in der Vergangenheit verwurzelt, ja sogar mehr oder weniger durch die Tyrannei der eigenen Vergangenheit versklavt. Es gibt viele Gründe, an der Vergangenheit festzuhalten: aus Eingebildetheit, aus Hass oder weil wir uns an erlittene Verletzungen und schmerzvolle Erfahrungen erinnern. Zuweilen klammern wir uns auch an die angenehmen Erinnerungen und Freuden der Vergangenheit. Das Problem der Vergangenheit besteht darin, dass sie vorbei ist, sie ist weg. Doch durch das Festhalten an alten Denkmustern und Erinnerungen halten wir leblose, stagnierende Vorstellungen über unser Leben und Denken aufrecht.

Die Erinnerung an vergangene Freuden kann dazu führen, dass wir Freuden übersehen, die unmittelbar vor uns liegen. Kummer, an den wir uns erinnern, kann in grundlose Tränenausbrüche münden. Alte Verletzungen, alter Schmerz und Hass können in der Gegenwart die Flammen des Hasses schüren und zu gedankenloser Gewalt und unsäglicher Brutalität führen. Denn wenn wir aufgrund von Erinnerungen handeln, sind wir nichts weiter als Marionetten lebloser Vorstellungen und

Erinnerungen, wir sind Gefangene in den Ketten der Tyrannei der Vergangenheit. Von außen aufgezwungene Versklavung kann überwunden werden, aber wer erlöst uns aus selbst auferlegter Versklavung? Die Tyrannei der Vergangenheit ist die Tyrannei des Denkens. Nur wenn wir das Denken hinter uns lassen, wenn wir die Dinge mit gedankenfreier Bewusstheit betrachten, können wir uns zu Freiheit und Ekstase aufschwingen.

Das Denken verleiht uns die Fähigkeit, alte Vorstellungen zu verarbeiten und neue zu entwickeln. Damit wird unsere Vorstellungskraft eine Neuschöpfung unserer Erinnerung. Die Tyrannei der Vergangenheit erstreckt sich in neuem Kleid in die Zukunft. Alter Wein kommt in einer neuen Flasche zurück. Deshalb bilden die Wand der Erinnerung und der Schleier der Phantasie Barrieren gegen echte Bewusstheit. Sie stehen für die Tyrannei des Denkens, indem sie uns an die leblose Vergangenheit ketten. Das Festhalten an der Vergangenheit ist unter Umständen ein sehr subtil verlaufender Mechanismus aus Denkmustern, der sich sehr schwer aufspüren und überwinden lässt. Oder es handelt sich um ein unbewusstes Festhalten auf der Grundlage von Angst. Immerhin steht die Vergangenheit ja für unsere Wurzeln und unsere Identität. Wer brächte schon den Mut auf, die eigenen Identität zu vernichten? Wer traut sich, die eigenen Wurzeln zu kappen und sich dem entstehenden Chaos zu stellen? Deshalb wird unser Leben meist von Angst beherrscht. Nach außen erscheinen wir vielleicht ruhig und gelassen, klar und selbstsicher. Doch tief in unseren Gedanken finden sich Muster des Festhaltens und der

Abneigung, Erinnerungen und Vorstellungen. Und wir stoßen dort auf eine Identität unseres Selbst, die in der Vergangenheit wurzelt. Um uns von der Tyrannei der Vergangenheit zu befreien, bedarf es eines Vertrauenssprungs. Eine Garantie für Erfolg oder Ruhm gibt es nicht. Es gibt nur einen gewaltigen Vertrauenssprung, der die Angst hinter sich lässt. Der Vertrauenssprung trägt uns über die tiefe Schlucht der Angst. Dieser Sprung geschieht nicht, weil wir an einen von außen kommenden Retter glauben, sondern resultiert aus der Handlungsweise eines gesammelten Denkens, das nach Freiheit hungert und dürstet. Er ist die Handlungsweise eines Menschen, der erkannt hat, dass die Vergangenheit und die dazugehörenden Denkmuster uns lediglich versklaven. Er ist ein tiefer Wunsch nach völliger Freiheit. Er ist ein unstillbarer Hunger nach Einheit mit allem und eine außerordentliche Leidenschaft für Frieden, Liebe und Freude, die uns die Kraft zu geben vermag, diesen Vertrauenssprung über die Schlucht der Angst, die auf Gedanken beruht, machen zu können.

Nur das, was wir kennen, können wir fürchten. Wie kann man vor dem Unbekannten Angst haben? Dennoch ist das Anhaften am Bekannten ein Produkt der Angst. Wir haben Angst, weil es die Unsicherheit gibt. Es ist uns nicht möglich, unser Leben ganz und gar zu begreifen oder zu beherrschen. Das ist offensichtlich. So viele Faktoren des Lebens sind von uns nicht steuerbar: Naturkatastrophen, das Wetter, die Komplexität des menschlichen Wesens und die Einzigartigkeit jedes einzelnen – all diese Dinge können wir nicht wirklich beherrschen. Da wir zum Denken und Handeln, zum Planen und uns Mühe geben konditioniert sind, trachten wir unterschwellig danach, die Kontrolle darüber zu haben. Weil uns das nie ganz gelingen wird – das Unbekannte lässt sich nicht beherrschen –, haben wir Angst. Und da ist noch das Festhalten, das der Angst entspringt. Wenn ein Ertrinkender um sich blickt und einen Strohhalm sieht, woran kann er sich klammern? Er wird sich verzweifelt an diesen Strohhalm klammern. So ist das mit den Menschen. Die meisten besitzen nichts weiter als die Kraft ihres Denkens. Unser Denken ist lediglich ein Strohhalm, starken Strömungen und ungebändigten Wassern ausgesetzt. Wen wundert es da, dass wir uns an unsere Denkmuster klammern, dass wir die Vergangenheit nicht loslassen wollen? Was haben wir für eine Wahl?

Die Vergangenheit verleiht uns Identität, und diese Identität ist ein Mythos. Ein Mythos deshalb, weil sie aus vergangenen Augenblicken, aus stagnierenden und statischen Erinnerungen und Vorstellungen abgeleitet ist. Dennoch sind die meisten Menschen willens, mit einer Identität durchs Leben zu gehen, die in der Vergangenheit wurzelt, anstatt sich der Ungesichertheit und Leere des Augenblicks zu stellen. Der jetzige Augenblick ist leer, denn er entfaltet sich in alle Ewigkeit neu. Und doch ist dieser Augenblick der einzige, der zählt. Diese Leere ist die einzig nützliche Ressource. Nur ein leerer Becher lässt sich füllen. Wichtiger als alles andere ist daher, dass wir die Vergangenheit loslassen, indem wir uns vollständig leer machen.

Auf der Grundlage von Empfindungen und Erfahrungen haben wir Eindrücke und Erinnerungen angesammelt. Die von uns gehorteten Informationen und Eindrücke nennen wir Wissen. Unser so genanntes Wissen hat uns für lebendige Weisheit, für die Tatsachen an sich, wie sie sich im dynamischen, nie stillstehenden Fluss des Lebens manifestieren, blind gemacht. Wenn wir die Vergangenheit komplett über Bord werfen, bedeutet das nicht, dass wir das von unseren Ahnen errichtete Haus abreißen sollen. Es heißt nicht, dass wir in die Steinzeit zurückkehren sollten. Vielmehr müssen wir unsere so genannte Identität aus der gewohnten Umgebung reißen und alles radikal in Frage stellen, was wir wissen. Wir verschwenden unsere Zeit und schaffen Konflikte, indem wir andere um Rat fragen. Doch in der kurzen Zeit, die wir auf der Erde verbringen, geht es eigentlich darum, unsere eigenen Gedanken ernsthaft zu hinterfragen und zu erforschen. Wir müssen unaufhörlich unsere Handlungen und Reaktionsweisen in Frage stellen und uns von angelernten und statischen Vorstellungen lösen. Wir müssen leer werden, um Platz für Neues zu schaffen.

Wenn wir zurück wollen zu unserem wahren Wesen aus innerer Zufriedenheit, Liebe, Frieden und Glück, müssen wir durch eine Phase inneren Aufruhrs hindurch, müssen wir eingefleischte Vorstellungen und Muster ablegen. Das läuft darauf hinaus, in völliger Ruhe und Stille zu verharren und in uns selbst jeden Augenblick nach Antworten auf all unsere Fragen zu suchen. Dabei suchen wir nicht nach Formeln für Erfolg und Glückseligkeit, sondern öffnen uns lediglich dem Leben, wie es sich jeden Augenblick neu entfaltet. Um dafür vollständig empfänglich werden zu können, müssen wir bei unserem wahren Wesen, bei der Spontaneität und Bewusstheit bleiben, die unseren wahren Kern ausmacht. Da gibt es nichts zu tun und keinen Ort, an den wir gehen könnten. Es gibt keinen Gedanken, keine Handlung, die in die völlige Freiheit führen könnten. Völlige Freiheit bedeutet bedingungslose Bewusstheit, frei von den Fesseln unserer Konditionierungen und der Tyrannei der Vergangenheit. Sie bedeutet, frei zu sein von den Begrenzungen, die das Gefängnis des Denkens gebaut hat. Wahre Freiheit heißt, frei zu sein vom Denkzwang, sie ist keine gedankenlose Blindheit, sondern völlige Bewusstheit, frei von den Begrenzungen, die uns vom Denken aufgezwungen werden. In dieser vollständigen Bewusstheit, ohne Denken, durchbrechen wir die Tyrannei der Vergangenheit und sind frei.

KAPITEL 1: LEBEN

ESSAY 1

Wofür es sich lohnt zu leben

Wofür leben wir? Bin ich lediglich auf diese Welt gekommen, um zu essen, zu trinken, mich fortzupflanzen, zu schlafen, alt zu werden und zu sterben? Oder gibt es etwas zu erreichen, das darüber hinausgeht? Schön, um zu überleben, erhalte ich eine Ausbildung, dann eine Stelle. Bestimmt finde ich eine Partnerin, und wir bekommen Kinder. Wir verdienen gut, legen das Geld an, geben es wieder aus, erfreuen uns an gutem Essen und genießen erlesene Weine. Wir haben ein komfortables Leben, machen gar eine Weltreise, spenden für die Armen, verbringen Zeit mit Freunden. Enkelkinder werden geboren, wir spielen mit ihnen und erreichen ein hohes Alter. Sind wir schließlich zu alt geworden, um weiterzuleben, sterben wir friedlich. Das hört sich doch nach einem glücklichen Leben an, nicht wahr? Durchaus. Aber verläuft das Leben immer so harmonisch und zufriedenstellend? Sind wir wirklich auf Rosen gebettet? Was passiert, wenn ein geliebter Mensch stirbt, wenn sich ein Paar trennt, wenn wir gekündigt werden, wenn die Eltern sich scheiden lassen, wenn ein Geschwister oder Kind körperlich oder geistig behindert ist, wenn eine Beziehung scheitert? Was ist dann?

Weshalb gehe ich zur Schule? Nun, ich will etwas lernen, um später eine Arbeit zu finden, die mein Auskommen sichert. Meine schulische Laufbahn ist in der Tat entscheidend dafür, dass ich einmal auf eigenen Beinen stehen kann. Doch wenn ich Arbeit habe, eine Frau, Kinder, ein Haus, ein Auto, viel oder wenig Geld, was dann? Habe ich Angst, das alles wieder zu verlieren? Warum? Weshalb diese Angst? Wenn ich ganz und gar lebendig bin, danach strebe, es mir gut gehen zu lassen, ganz im Augenblick aufgehe, von einem Augenblick zum anderen lebe, weshalb sollte ich dann Angst haben, irgendwann einen materiellen oder persönlichen Verlust zu erleiden? Warum sollte ich mich einsam fühlen, wenn das Fest vorbei ist und die Gäste nach Hause gegangen sind? Warum sollten wir uns überhaupt einsam, ängstlich oder unsicher fühlen? Gibt es ein ausgeglichenes Leben inmitten von Katastrophen, Konflikten, Krankheit und Tod? Wie soll das gehen? Ich denke, es ist möglich. Ich denke, der Weg dorthin führt über vollständige Aufmerksamkeit.

Wir sind dazu aufgefordert, Dingen wie Kummer, Konflikten, Schmerz, Angst und Unsicherheit unsere ganze Aufmerksamkeit zu widmen. Dazu müssen wir den natürlichen Hang unseres Denkens umkehren, nach Vergnügen zu trachten und Schmerz zu vermeiden. Damit will ich nicht sagen, Schmerz zu suchen und das Vergnügen zu meiden. Das wäre töricht. Es geht vielmehr darum, im Zustand der Achtsamkeit durchs Leben zu gehen, den eigenen Geist zu beobachten, während er Schmerz und Vergnügen erlebt. Dabei verharren wir in einem Zustand vollständiger Aufmerksamkeit, wie der Geist auf Schmerz und Vergnügen reagiert. Wir bleiben absolut aufmerksam, absolut konzentriert auf Schmerz und Vergnügen. Wir jagen weder dem Vergnügen hinterher und trachten auch nicht danach, es festzuhalten, noch gehen wir dem Schmerz aus dem Weg oder versuchen, ihn zu vermeiden.

Wir befinden uns in einem Zustand absoluter Passivität und beobachten mit all unserer Aufmerksamkeit das Vergnügen oder den Schmerz, den unser Geist gerade erlebt. Wenn der Geist in vollständiger Aufmerksamkeit und ohne Widerstand beobachtet, wird er sich des Reizes und der Reaktion, des gesamten erlebten Vorgangs vollständig bewusst, ganz gleich, ob es sich um Vergnügen oder Schmerz handelt. In diesem Augenblick der vollständigen Absorption des Geistes, der vollständigen Ruhe, Aufmerksamkeit und totalen Öffnung wird der Geist frei und leicht, er verlässt die Dichotomie von Vergnügen und Schmerz, verharrt in einem Zustand der Klarheit und Ausgeglichenheit und fungiert nur noch als Beobachter der Geschehnisse, sei es Schmerz oder Vergnügen. Hier gibt es kein Festhalten am Vergnügen mehr, keine Angst des Verlustes, kein Vermeiden von Schmerz oder die Angst, er könnte sich in unser Leben einschleichen. Wenn wir uns in diesem Zustand des vollständigen Eingetauchtseins in reinste Aufmerksamkeit befinden, ist der Geist in seiner Gesamtheit leicht und unbeschwert, erleuchtet und frei. Hat sich der Geist erst einmal an diesen tiefen inneren Frieden, diese Freude gewöhnt, durch die Dichotomien überwunden werden können, so dass er frei ist von den unabwendbaren Polaritäten der materiellen Existenz, bleibt er distanziert, verharrt in regloser Beobachtung, Ruhe und vollständiger Aufmerksamkeit. Ein solcher Geist verfügt über enorme Kräfte und vermag jeden Aspekt unseres Lebens zu transformieren und zu heilen. Er erschafft das Leben neu, ist von Augenblick zu Augenblick lebendig und zeichnet sich durch außergewöhnliche Agilität, Auffassungsgabe, Klarheit und Tiefe aus. Und er wird zum Spiegel der unendlichen Intelligenz, die das Leben selbst ist.

ESSAY 2

Was ist der Unterschied zwischen Gleichgültigkeit und Distanz?

Ich bin in ein Mädchen verliebt, doch es erwidert meine Zuneigung nicht. Ich bin enttäuscht und frustriert. Ich lasse mir einen Bart wachsen, sage, dass die ganze Welt eine Illusion ist, und flüchte mich in Religionen, Kulte, Dogmen, Philosophien usw. Ich behaupte, dass das Leben, so wie wir es erleben, nicht wirklich ist. Damit bin ich dem Leben gegenüber gleichgültig geworden. Meine Gleichgültigkeit wurzelt in der Frustration. Ich suche und begehre. Doch es gelingt mir nicht, das Objekt meiner Begierde für mich zu gewinnen. Oder das Objekt meiner Begierde erfüllt die Erwartungen nicht, die ich hege, nachdem ich es mir zu eigen gemacht habe. Das führt zur Frustration.

Es erfordert außergewöhnliche Bescheidenheit und Mut, zu akzeptieren und zuzugeben, dass ich frustriert und nun bereit bin, bei dieser Frustration zu bleiben und sie durch und durch zu fühlen. Wenn ich dazu in der Lage bin, die Frustration zuzulassen, die ja etwas Reales ist, wenn ich nicht danach trachte, sie zu vermeiden, ihr zu entkommen, wenn ich nicht versuche, zu rationalisieren, zu rechtfertigen und sie zu erklären, dann schenke ich ihr meine ungeteilte Aufmerksamkeit und ich begreife, was es mit dieser Frustration auf sich hat. Ich verstehe den gesamten Vorgang der Erwartung, der Enttäuschung und Frustration. Dementsprechend hat mir diese frustrierende Erfahrung ermöglicht, mich selbst besser zu verstehen, einen tiefen Einblick in mein Denken, mein

Leben und das anderer Menschen zu gewinnen. Also stellt sie sich im nachhinein als Segen heraus. Das war die Lektion, die ich zu lernen hatte, die Einsicht, das Verständnis, das dieser Erfahrung der Frustration innewohnte. Suche ich jedoch nach einer Erklärung dafür, mag diese noch so klug sein, nach einer noch so subtilen Ausflucht, hat die Erfahrung mich nicht reicher gemacht. Im Gegenteil, diese Frustration, meine Realität, hat zu mehr Verarmung, Belastung und Gleichgültigkeit geführt.

Meine Einstellung der Gleichgültigkeit gegenüber entspringt unmittelbar der Frustration. Gleichgültigkeit ist nicht dasselbe wie Distanz, sondern sie ist Fühllosigkeit im Herzen und im Geist, sie ist die Unfähigkeit, wirklich wahrzunehmen, was man fühlt, sie ist eine Verleugnung der eigenen Gefühle – unseren besten Indikatoren für die Realität – und bedeutet damit Gefühllosigkeit gegenüber allen Dingen. Das heißt, Gleichgültigkeit, es sei denn, sie wird bewusst eingesetzt, entspringt der Frustration und beraubt die menschliche Existenz ihrer Lebendigkeit.

Wenn wir uns mit provokanten und unerwünschten Umständen auseinandersetzen müssen, die sich nicht vermeiden lassen, so kann ich mich bewusst einer gleichgültigen Haltung befleißigen, wenn es mir darum geht, den pragmatischsten Weg beim Umgang mit Situationen zu gehen, die ohnehin nicht zu ändern sind. Sich bewusst für die Gleichgültigkeit zu entscheiden, dürfte wohl die mächtigste Waffe im Umgang mit Dingen sein, die wir weder wegwünschen noch beherrschen können. Aufmerksamkeit hat etwas Belebendes. Beim bewussten Umgang mit der

Gleichgültigkeit wird absichtlich den Dingen die Aufmerksamkeit entzogen, die für uns keine Aufmerksamkeit verdienen.

Was ist im Gegensatz dazu Distanz? Distanz entspringt dem Verständnis. Aus freien Stücken halte ich mich von dem fern, was ich als nutzlos für meine Entwicklung erkannt habe. Ich überlege, ob ich eine Zigarette rauchen soll, und erkenne, dass mir das für den Augenblick Vergnügen bereiten dürfte. Ich merke, dass das Vergnügen vorübergehender Natur ist. Dann stelle ich fest, dass ich wegen eines flüchtigen Vergnügens einen dauerhaften Preis in Form langfristiger Folgen für meine Gesundheit zu zahlen habe. Ich erkenne, dass meine Gesundheit für die Dauer meines Lebens von großer Bedeutung für mich ist. Ich begreife, dass meine Gesundheit eine dauerhafte Bedeutung für mich hat, während das Vergnügen zu rauchen etwas Flüchtiges, nicht Dauerhaftes ist. Als Ergebnis dieser Erkenntnis verzichte ich auf das Rauchen. Das ist ein Beispiel für Distanz, für Enthaltsamkeit aus freien Stücken auf der Grundlage der vorherigen Überprüfung und der Einsicht in das, was dauerhaften Wert hat und was nur ein flüchtiges Vergnügen darstellt, das im Schmerz endet.

Bei der Distanz fehlt das Element des Opfers. Abstinenz ohne innere Einsicht kann schmerzhaft sein, und das Verlangen bleibt bestehen. Das ist erzwungene Abstinenz, und damit kommt es zu einem Denk-Konflikt. Das ist aber keine Distanz. Distanz ergibt sich spontan als Folge einer Einsicht.

Gleichgültigkeit und Distanz scheinen auf den ersten Blick Ähnlichkeit miteinander zu haben. Doch zwischen beiden Begriffen liegen Welten. Gleichgültigkeit entsteht aus der Frustration, während Distanz darauf beruht, etwas verstanden zu haben. Wenn wir uns selber besser begreifen wollen, ist Distanz etwas sehr Notwendiges und Hilfreiches, während es sich bei der Gleichgültigkeit um ein gigantisches Hindernis handelt.

ESSAY 3

Hat das Verlangen irgendwann ein Ende?

Als Kinder möchten wir einen Luftballon, Schokolade, Eis oder ein Spielzeug haben. Kaum sind unsere Wünsche erfüllt worden, sticht uns etwas Neues ins Auge, das unser Begehren weckt. Dieser Prozess setzt sich fort. Das Verlangen, etwas haben zu wollen, geht unvermindert weiter.

Wenn wir älter werden, möchten wir neues Spielzeug: Autos, Häuser, Beförderungen, Geld, Macht usw. Sobald wir bekommen haben, was wir wollten, zieht uns etwas Neues in seinen Bann. Dieser Prozess setzt sich fort. Das Verlangen, etwas haben zu wollen, geht unvermindert weiter.

Was hat sich nun zwischen Kindheit und dem Leben als Erwachsener verändert? Kaum etwas hat sich verändert. Wir haben gelernt, auf eigenen Beinen zu stehen, verdienen zumeist unseren Lebensunterhalt selbst, sorgen für unsere Familie und unser eigenes Auskommen und legen etwas auf die hohe Kante. Wir haben begriffen, wie es in der Welt zugeht, wir sind nicht mehr unschuldig, hilflos und verletzlich. Körperlich und geistig-seelisch sind wir stärker geworden. Wir haben gelernt zu überleben.

Unser Körper ist gereift, wir sind gewachsen und älter geworden. Wir sind den Kinderschuhen entwachsen, haben mittlerweile vielleicht sogar selbst Kinder. Unser einst unschuldiges, unberührtes und nicht konditioniertes Denken ist in der Zwischenzeit durch Umwelteinflüsse sowie guten und schlechten Erfahrungen geprägt worden. Unser einst unbeeinflusstes Denken dürfte sich entlang bestimmter Muster entwickelt haben. Wir sind mit vielerlei Ausprägungen des Denkens, Fühlens und Handelns vertraut geworden und haben uns mechanische Reaktionsmuster zu eigen gemacht.

Unsere Spontaneität ist uns mehr oder weniger abhanden gekommen, wir haben vieles gelernt. Die schwierige Aufgabe besteht nun darin, Dinge wieder zu verlernen. Wir müssen die Prägungen verlernen, die auf Erinnerung, Erfahrung, Umwelt, Vorstellungen und Idealen beruhen und zurückkehren in einen Zustand der spontanen und freudvollen Lebenseinstellung im Hier und Jetzt. Vor langer Zeit waren wir kindisch und kindlich. Vermutlich haben wir vieles von unserem kindischen Gehabe abgelegt. Die schwierige Aufgabe besteht jetzt darin, unser kindliches Wesen neu zu entdecken und es in unsere neu gewonnene persönliche Reife zu integrieren.

In dieser Hinsicht hat sich in der Tat vieles verändert, bis auf eines: unser Verlangen. Immer noch streben wir nach einer besseren Arbeit, einem höheren Gehalt, mehr Geld, mehr Anerkennung, mehr Urlaub, nach einem größeren Auto oder Haus. Der Versuch, das Verlangen zu befriedigen, bleibt.

Es stellt sich die Frage, ob die Befriedigung unserer Bedürfnisse oder eines Verlangens dauerhafte Zufriedenheit und Ausgeglichenheit des Denkens schafft. Die Tatsachen sprechen eine andere Sprache: Sobald ein Wunsch erfüllt ist, drängt sich ein neuer auf und noch einer und noch einer. Offenbar besteht das Wesen des Denkens darin, immer neue Verlangen und Wünsche in uns wachzurufen. Dem Denken das Wünschen verbieten zu wollen, wäre etwa so, als würde man einem Hund das Bellen verbieten wollen.

Trachten wir nach Ruhe und Zufriedenheit, so findet sich das Denken wieder eingesponnen in den Vorgang des Verlangens. Ob wir nun nach Geld oder Erleuchtung streben, es handelt sich immer noch um ein Verlangen, einen Wunsch des Denkens. Ein Denken, das mit Wünschen angefüllt ist, ist nicht zur Ruhe gekommen. Es schwankt hin und her und sehnt sich nach dem, was es noch nicht besitzt. Ist deshalb nicht alles Suchen und Streben nutzlos? Ist nicht jeder Wunsch eine Quelle der Rastlosigkeit, des Hin und Her im Denken, auch wenn es der Wunsch nach Frieden oder nach Macht ist? Wenn ja, wie können wir dem Verlangen Einhalt gebieten? Das Verlangen, frei vom Verlangen zu sein, ist auch ein Verlangen. Wo ist die Lösung?

Das Denken zu beobachten, wie es sich nach etwas Bestimmten sehnt, es lautstark fordert, es unbedingt haben will, hin und her schwankt, ein Durcheinander anrichtet, müde wird, und sich beruhigt – wenn wir diesen Vorgang beobachten, ohne handelnd einzugreifen, bedeutet das, dass wir gelassen und zufrieden sind, uns in einem Zustand ungetrübter Beobachtung befinden. Weder nähren wir unsere Wünsche noch unterdrücken wir sie. Wir sublimieren nicht und suchen nach keinem Ersatz. Wir konzentrieren uns nicht auf einen Wunsch, vermeiden aber auch keinen. Wir üben keine Kontrolle aus, schwelgen aber auch nicht in unseren Wünschen. Wir verharren in einem Zustand achtsamer Ruhe und stiller Beobachtung. Wir betrachten den Wunsch eine Weile, wie er entsteht, an Intensität gewinnt, nach Erfüllung verlangt, etwas verweilt, schwächer wird und schließlich verschwindet.

In dem Sinne, in dem ein Vater oder eine Mutter mit schier endloser Geduld die Ansprüche ihres Kindes beobachtet und zermürbt, betrachten wir leidenschaftslos unsere eigenen Wünsche ohne innere Anteilnahme, ohne ihnen freundlich oder feindlich gegenüberzustehen. Wir verharren in der Position des Beobachters. Wir widerstehen dem Impuls zu handeln und dem Wunsch Erfüllung zuteil werden zu lassen und dem Impuls, den Wunsch zu verleugnen, ihn nicht wahrzunehmen und ihn zu unterdrücken. Wir bleiben im Zustand des Beobachtens, wir schauen uns selbst dabei zu, wie unser Denken eine Reihe von Kapriolen schlägt, eine Reihe von Bewegungen durchläuft. Wir begnügen uns mit der Beobachtung dieser Bewegungen, während das Denken das Verlangen erzeugt und dann die Erfüllung dieses Verlangens fordert. Wir sind Zuschauer auf der Spielwiese unseres Denkens. Genau in diesem Moment der reinen Beobachtung begreifen wir das Verlangen und lösen es auf. Das Denken wird klar, friedvoll, gelassen und zufrieden. Es bleibt aktiv und ganz mit sich selbst erfüllt. Klarheit, Gelassenheit und Verständnis füllen unser Denken.

Das Verlangen, ja der Verlauf, den das Verlangen nimmt, sein Beginn, sein Wachstum, seine diversen Formen, der Druck, der vom Denken ausgeübt wird, um dieses Verlangen zu stillen, sowie das gesamte Spiel des Denkens bei der Schaffung des Verlangens, dem es dann nachjagen kann, alles das müssen wir beobachten und verstehen. Einzig und allein dieses Verständnis, nicht die Erfüllung irgendeines Verlangens, schafft in uns einen Zustand der absoluten Erfüllung und Zufriedenheit, des Friedens und Glücks.

ESSAY 4

Was ist Glück?

Was haben ein Kleinkind, ein Kind, ein Heranwachsender, ein Erwachsener, ein Mann mittleren Alters, ein alter Mann und ein Greis, der bereits mit einem Bein im Grab steht, gemeinsam? Alle streben sie nach Glück. Männer und Frauen, ob reich oder arm, ob gebildet oder ungebildet, ob von einfachem Gemüt oder von komplexem Charakter, ob alleinstehend oder in Paarbeziehung lebend, alle streben sie nach Glück. Ja sogar der Sadist und der Masochist sucht auf seine pervertierte Weise nach Glück. Leben heißt, nach Glück zu streben. Leben heißt, jede Minute des Lebens nach Glück zu streben. Merkwürdigerweise sind wir immer dann glücklich, wenn wir gerade nicht dem Glück hinterher jagen. Dies bleibt ein ewiges Paradoxon und Wunder. Was also ist Glück?

Für mich ist Glück der Zustand absoluter Leere – frei zu sein von Dingen wie Stolz, Vorurteilen, Egoismus, Vorstellungen, Glaubenssätzen, Idealen, Ideologien, Dogmen, Theorien, Erinnerungen und Phantasien, Hoffnungen und Ängsten, Bestrebungen und Errungenschaften, Vermögensanhäufung, Hausbau, Erobern und Kämpfen. Wenn wir völlig leer sind von der gesamten Struktur des Denkens, Fühlens und Empfindens, von persönlichen Neigungen und nationalistischen Attitüden, von Nachrichten und eigenen Ansichten, wenn wir uns in diesem Zustand absoluter Gelassenheit und Leere befinden, ist das Denken ein Spiegel der unendlichen Intelligenz, die jedes Sandkörnchen, jede Träne und jedes Lächeln beseelt. In diesem

Zustand absoluter Offenheit und Leere ist das Denken mit Friedfertigkeit und Glück angefüllt und daher befreit.

Ich spreche hier nicht von dem Vergnügen, das sich aus der Befriedigung der Sinne ergibt, oder von jenem, auf das zwangsläufig Schmerz, flüchtige Empfindungen und körperlich-seelische Befriedigungen folgen. Die Freude, die aus der Leere geboren wird, hat es schon immer gegeben. Sie liegt jenseits der Gegensätze, jenseits des Spiels der Polaritäten, jenseits des Suchens und sich Aneignens, jenseits des Anhaftens und der Angst, etwas zu verlieren. Sie verharrt seit jeher in unberührter Reinheit, ist makellos, ungetrübt zeitlos und unerschöpflich.

Im Alltag erleben wir zwangsläufig Erfolge und Niederlagen, Glück und Unglück, Triumphe und Tragödien. Ihrem tiefsten Wesen nach bringen uns diese Dinge der Leere näher, dieser ewigen, erhabenen, ungetrübten und zeitlosen Glückseligkeit. Glück und Schmerz, Triumph und Tragödie ermöglichen uns in ihren tiefsten Momenten einen Blick auf diese Leere, zeigen in ihre Richtung, in die zeitlose Bewusstheit, die jenseits davon liegt. Nur wenn wir uns auf Freude und Trauer, Sieg und Niederlage, Vergnügen und Schmerz als Einheit einlassen, nur wenn wir nicht das eine fliehen und das andere suchen, nur wenn wir in absoluter Gelassenheit und absolutem Gleichmut verharren, nur wenn wir beiden Seiten dieselbe Aufmerksamkeit widmen, sind wir in der Lage, den natürlichen Zustand nie endenden Glücks, des Friedens und der Freude wiederzuentdecken.

ESSAY 5

Konflikt

Bedeutet Konflikt das Aufeinanderprallen zweier sich bekriegender Teile meines Selbst? Können zwei fragmentierte Teile des Denkens, zwei unvereinbare Vorstellungen in meinem Kopf, die gleichzeitig vorhanden sind, die Quelle meines Konfliktes tief in meinem Denken sein und so auch in meiner äußeren Welt auftauchen? Wie entsteht dieser Konflikt und wie lässt er sich heilen?

Ich strebe nach Unabhängigkeit, suche aber nach Zustimmung. Das Bedürfnis nach Zustimmung beeinträchtigt meine Unabhängigkeit. Es kommt zum Konflikt. Ich habe den Wunsch, schnell reich zu werden, bin aber nicht bereit, meine moralischen Wertvorstellungen aufzugeben. Es entsteht ein Konflikt. Ich möchte meinen Einfluss geltend machen, fürchte mich aber davor, Verantwortung zu übernehmen. Es kommt zum Konflikt. Ich will das eine, ohne das andere zu lassen. Wieder gibt es einen Konflikt.

Offenbar ist unser Denken in individuell unterschiedlichem Maße komplex. Häufig wünschen wir uns widersprüchliche Dinge, und oft sind unsere Wünsche nicht miteinander vereinbar. Wir sind uns nicht immer im Klaren darüber, was wir eigentlich wollen. Unsere Wünsche, unsere Verlangen sind oft genauso launenhaft wie unser Denken. Gibt es für uns eine so intensive Heftigkeit des Wunsches, eine Totalität der Absicht, der Aufmerksamkeit, des Wunsches und der Absicht, so dass der Konflikt aufgelöst wird?

Auf einer bewussten Ebene, auf der Ebene des Denkens, wünsche ich mir etwas Bestimmtes, während ich unterbewusst, auf der Ebene der Angst, womöglich etwas ganz anderes erstrebe. Diese Zersplitterung des Denkens ist die Wurzel des Konflikts.

Kann es überhaupt einen Konflikt geben, wenn das Denken nicht zersplittert ist, wenn mein gesamtes Wesen sich auf einen Brennpunkt, auf eine bestimmte Absicht, auf einen einzigen Wunsch konzentriert? Ganz offensichtlich nicht, denn auch in so einem Fall können äußere Einflüsse die Erfüllung meines Wunsches vereiteln, so dass ich frustriert auf der Strecke bleibe. Dennoch gibt es in meinem Denken das Bestreben nach Erfüllung. Ich stoße auf Unzufriedenheit, Verzweiflung, Durst und Leere, wenn meine Wünsche nicht in Erfüllung gehen. All diese Dinge sind vorhanden, aber es gibt keinen Konflikt. Es ist kein Konflikt da, denn die Zersplitterung meines Denkens fehlt. Zwei oder mehrere Aspekte bekriegen einander ja nicht in meinem Inneren. Ich strebe keine miteinander unvereinbaren Zustände gleichzeitig an. Ich habe keine einander widerstrebenden Wünsche und Verlangen, die mir im Kopf herumspuken. Heißt das nun, dass das Verlangen die Wurzel des Konflikts darstellt?

Kann es einen Konflikt geben, wenn die Vielfältigkeit des Verlangens fehlt, wenn ein ganz bestimmtes Verlangen meine ganze Aufmerksamkeit mit intensiver Heftigkeit auf sich zieht oder in ich mich in einem Zustand absoluter Zufriedenheit befinde? Genauer gefragt: Gibt es einen Konflikt des Verlangens, der die Wurzel der Zersplitterung und des Konflikts in meinem Denken und der Verwirrung außerhalb meiner Selbst darstellt? Lassen sich die einander bekriegenden Teile meines Denkens, die einander widerstrebenden Verlangen und nicht miteinander zu vereinbarenden Bedürfnisse aussöhnen? Lässt sich die Zersplitterung heilen? Kann der Konflikt abgeschwächt und bewältigt werden? Sind wir überhaupt handlungsfähig, wenn unser Denken konfliktfrei wäre, das heißt unbelastet von Angst? Ist nicht der Konflikt die Wurzel der Angst in meinem Denken? Angst, Zersplitterung und Konflikt sind untrennbare Gefährten meines Denkens.

Die Vorstellung, dass wir vom Rest der Schöpfung getrennt sind, das Konzept einer abgetrennten Wesenheit, die sich „Ich“ nennt, bildet in meinem Denken die Quelle der Angst, der Zersplitterung und des Konfliktes. Da diese Ängste, die einander widerstrebenden Verlangen, diese Zwänge und Widersprüche in mir nun einmal vorhanden sind, wie soll ich den Konflikt bewältigen? Ganz offensichtlich ist der Konflikt ja nichts von mir Getrenntes, sondern er ist mein „Ich“. Je nach Stimmungslage fühle ich mich zuweilen glücklich, traurig, verunsichert, eifersüchtig, aggressiv, in die Enge getrieben, großzügig usw. Es gibt Phasen, da spüre ich alle diese unterschiedlichen Gefühle. Nehme ich mich selbst so an, wie ich bin? Kann ich akzeptieren, dass ich Angst habe, unsicher, abweisend, ruhelos, wütend und ängstlich bin? Bin ich in der Lage, diese Gefühle vor mir selbst zuzugeben? Dieser Zustände meines Denkens bin ich mir bewusst und ich kann sie beobachten, wenn sie entstehen, sich verändern und wieder verschwinden.

Mein Mangel an Selbstbewusstsein setzt sich fort und verschärft den in mir von Geburt an angelegten Konflikt. Meine Tendenz zur Verleugnung, zu Ersatzbefriedigungen, Unterdrückungen, Verdrängungen, Homosexualität, Abwehr, Rationalisierungen, Aggressionen, Sublimationen und Entfremdung, alles das beeinträchtigt die Fähigkeit, diesen Konflikt in mir bewusst wahrzunehmen. Ja, dabei handelt es sich eigentlich um die miteinander im Clinch liegenden Elemente meines Denkens. Ich muss mir über die verschiedenen Möglichkeiten bewusst werden, mit denen ich mir selber auf den Leim gehe. Mit absoluter Ehrlichkeit habe ich das Spiel der Gedanken, Gefühle und Emotionen in mir zu überprüfen und zu beobachten, und zwar mit höchster Aufmerksamkeit.

Ich muss jeden Augenblick wahrnehmen, welche Gefühle in mir gerade vorhanden sind. Ich muss beobachten, wie ein Gefühl einem anderen und wieder einem anderen weicht. Dabei ist scheinbar kein Zusammenhang zwischen diesen Gefühlen erkennbar, und die Kette wechselnder Phasen meines Denkens scheint endlos zu sein. Die einzige Konstante dabei ist meine Bewusstheit und mein ununterbrochenes Beobachten. Meine Konditionierung und meine gewohnheitsmäßigen Denkmuster sind eine Folge meiner Erinnerungen und damit zusammenhängender Denkmuster, die in der Gegenwart erneut ablaufen. Mein Stolz, mein Egoismus, mein kostbares, aber triviales Selbstbild, der Ablauf meiner Gedanken, meine Denkfähigkeit, meine Ziele, meine Errungenschaften, meine Methoden, meine Bemühungen, meine Ideale und Vorstellungen, meine Vorlieben und Abneigungen, meine Dogmen, Glaubenssätze und Vorurteile – alles das beeinträchtigt mein Selbstbewusstsein und meine Beobachtungsfähigkeit und hält mich davon ab, meine wechselnden, häufig auch negativen Denkzustände anzunehmen und zu akzeptieren. Der daraus entstehende Mangel an Bewusstheit und Akzeptanz bleibt bestehen und verstärkt die Wurzel des Konflikts in mir.

Wenn es mir gelingt, diesen inneren Konflikt jederzeit wahrzunehmen, wird dann mein Denken nach wie vor fragmentiert oder bin ich fähig, den Konflikt zu begreifen, so dass ich ihn bewältigen kann? Wenn ich mich in Gelassenheit, Achtsamkeit und Bewusstheit übe und den Konflikt erkenne, die einander bekämpfenden Elemente in mir einfach nur anschaue, wie sie ihre jeweiligen Rollen einnehmen, kann der Konflikt begriffen und aufgelöst werden. Das geht aber nur im Rahmen reiner Beobachtung, ohne jede Wertung, Analyse, ohne Denkkontrolle, ohne Handeln, Verlangen, Etikettierung, Reaktion und Bemühungen meinerseits. Das heißt, der Konflikt lässt sich nur dann begreifen und auflösen, wenn ich in einer reinen Beobachterposition bleibe, in der der Beobachter aufhört zu sein.

ESSAY 6

Errungenschaft

Ist Errungenschaft gleichzusetzen mit Popularität oder mit Ruhm, mit Reichtum oder herausragenden akademischen Leistungen? Oder sind Errungenschaften identisch mit bestimmten Fähigkeiten oder Leistungen auf bestimmten Wissensgebieten? Handelt es sich dabei um Erfolg, Anerkennung, soziale Anerkennung, Überfluss oder persönlichen Einfluss?

In einem ganz bestimmten engeren Sinn könnte eine Errungenschaft jeden dieser Begriffe umfassen. Doch beginnt oder endet eine Errungenschaft im Rahmen einer der oben genannten Kategorien? Was ist das Wesen einer Errungenschaft? Was ist das herausragende Merkmal jeder beliebigen Errungenschaft?

Herausragendes Merkmal und Wesen jeder Errungenschaft und Höchstleitung ist die Fähigkeit, sich der zu bewältigenden Aufgabe ganz und gar hinzugeben. Ein Leichtathlet, ein Chirurg, eine Hausfrau, ein Schriftsteller – jeder einzelne der Milliarden von Menschen auf diesem Planeten ist in dem Augenblick, in dem er seine Höchstleistung zu erreichen vermag, eins mit der von ihm zu bewerkstelligenden Aufgabe. Errungenschaften werden dadurch ermöglicht, dass sich das Denken ganz und gar auf den jeweiligen Augenblick konzentriert.

Dieses vollständige Aufgehen im Augenblick ist ein Kennzeichen des Denkens, das sich die Freiheit aus absoluter Bewusstheit und reiner Wahrnehmung zu eigen gemacht hat, ohne dass eine Trennlinie gezogen wird zwischen Beobachter und dem, was beobachtet wird. Diese ungeteilte, absolute Bewusstheit, dieses vollständige Aufgehen des Denkens im Augenblick ist die Quelle jedweder Errungenschaft.

Was genau bewerkstelligt wird, ist dabei zweitrangig. Es spielt keine Rolle, ob man das Geschirr spült, die Blumen gießt, einen Kuchen backt, einen sportlichen Sieg davon trägt oder das Amt eines Staatsoberhaupts innehat. Das charakteristische Merkmal für Höchstleistung, Liebe, Mühelosigkeit und absolute Zufriedenheit ist der Umstand, dass dabei das Denken vollständig in der zu bewältigen Aufgabe aufgeht. Wesen und Grundlage jeder Errungenschaft ist diese Fähigkeit, innerlich ganz im Augenblick aufzugehen, von Augenblick zu Augenblick, jeden Moment unseres Lebens, bei allem, was wir tun, ob es etwas Wichtiges oder Unwichtiges ist, ob wir Erfolg oder Misserfolg haben, ob wir siegen oder eine Niederlage einstecken müssen, ob wir uns mit Ruhm bekleckern oder nicht, ob in glücklichen Zeiten oder unter widrigen Umständen, ob im Glück oder Unglück.

Reichtum anzuhäufen, ist für sich genommen eine begrenzte Errungenschaft. Wie man seinen Reichtum erworben hat, wie man ihn nutzt, welche Auswirkungen er auf die Entwicklung des Betroffenen und sein weiteres Leben hat – diese Dinge sind genauso wichtig wie der Reichtum an sich. Die wichtigste Frage dabei ist: was ist mit der Zufriedenheit? Bin ich mir meiner Selbst von Augenblick zu Augenblick bewusst? Oder ist der Erwerb von Reichtum der Anfang vom Ende?

Könnte es nicht sein, dass Reichtum mit seiner Tendenz, uns blind zu machen, seiner Eigenschaft, daran festzuhalten und die Habgier zu fördern, den Betroffenen letztlich behindert, und zwar in seiner Entwicklung, seiner Evolution, seinem Wachstum, seiner Fähigkeit, ganz in der augenblicklich ausgeübten Tätigkeit aufzugehen, die ihm Freude bereitet und sein inneres Wachstum fördert? Reichtum an sich ist etwas Neutrales, sein wirklicher Wert zeigt sich daran, wie er genutzt wird und welchen Einfluss er auf das Leben und die Entwicklung des Betroffenen hat.

Das gilt auch für alle anderen äußerlichen Symbole des Erfolgs wie Status, Popularität, Ruhm, Anerkennung usw. Tragen sie zur Weiterentwicklung des einzelnen bei oder blockieren sie sein Wachstum und ziehen ihn nach unten? Rechtmäßig erworbener materieller Wohlstand ist in gewisser Weise ein Nebenprodukt herausragender Leistungen und Fähigkeiten. Deshalb ist es von entscheidender Bedeutung, dass der Betroffene auch weiterhin herausragende Leistungen und Fähigkeiten anstrebt. Den Maßstab hierfür bilden jedoch nicht nur äußere Statussymbole.

Die Frage lautet: ist der Betroffene zufrieden, glücklich, friedfertig, ohne innere Konflikte, ohne Ängste? Ist er verstrickt in seine eigene kleine Welt der trivialen Vorlieben und Abneigungen, des Stolzes, der Vorurteile, Egoismen usw.? Oder belastet ihn nichts von all dem? Fördern das soziale Umfeld, in dem er lebt, und sein äußerer Status, seine Errungenschaften, sein inneres Wachstum oder blockieren sie es? Folgt er seinem eigenen Denken, seiner bewussten Wahl oder reagiert er nur wie ein konditioniertes Lebewesen, wie eine freudlose Maschine, die darauf programmiert ist, Erfolg zu haben? Das sind Fragen, die mich in diesem Zusammenhang beschäftigen.

Reichtum entspringt der Tugend. Erfolg ist mit anderen Worten ein Nebenprodukt ausgezeichneter Leistungen auf dem Gebiet unserer Wahl. Der springende Punkt dabei ist jedoch unsere innere Zufriedenheit und Freude. Sie sind Ergebnis ständiger Herausforderungen, von Höchstleistung und Errungenschaft, von Augenblick zu Augenblick. Sie sind Folge unserer Bewusstheit unserer selbst und der uns umgebenden Welt – Menschen, Orte und Ereignisse –, Folge der Bewusstheit und des Absorbiertseins im jeweiligen Augenblick. Diese Bewusstheit und dieses Absorbiertsein ist unter Umständen oft unsichtbar und bedeutungslos für eine Gesellschaft, die bis zum Hals in Oberflächlichkeiten steckt und die Symbole des Erfolgs verherrlicht. Häufig untergräbt die Gesellschaft durch ihren Konformismus, ihre Institutionen, durch die Medien, durch althergebrachte Erziehungs- und Bildungsmethoden, ja durch die Übermacht der Masse den Prozess der Selbstfindung. Diese Kräfte begünstigen durch ihr Bestreben, gedankenlose Konformität und Verherrlichung von Statussymbolen zu erzeugen, Selbstverleugnung, Verdrängungsmechanismen und Selbstentfremdung. Das ist letztlich die schwierige Aufgabe, der sich der einzelne zu stellen hat. Auf seiner Suche nach Selbsterkenntnis steht der einzelne völlig allein da.

Der entscheidende Wendepunkt wird schließlich erreicht, wenn ein Mensch seine innere Welt, sein Denken mit all dem vorhandenen Glück und Schmerz, den Erfolgen und Misserfolgen betrachtet und darauf seine Aufmerksamkeit und bewusste Wahrnehmung konzentriert. In dieser Phase nimmt seine Selbstentfaltung was die äußeren Umstände anbelangt eine untergeordnete Position ein, indem er die Quelle seiner Freuden und Leiden, seiner Heimsuchungen und Widerwärtigkeiten anpeilt, nämlich sein eigenes Denken.

Auch ein solches Umschwenken, das anderen Menschen womöglich völlig entgeht, bedeutet Entwicklung, Errungenschaft. Ein einziger Schritt auf dieser Gratwanderung kann eine gewaltige Errungenschaft bedeuten, die erst nach vielen Fehlversuchen erreicht wird. Die rutschigen Abhänge unserer Konditionierungen, Denkgewohnheiten, Vorlieben und Abneigungen, unseres Stolzes, unserer Vorurteile und Egoismen, unserer Befürchtungen, Ängste und Unsicherheiten stellen für denjenigen, der sich seiner selbst vollständig bewusst werden will, in der Tat ein weitaus trügerischeres Territorium dar als es in den schwierigsten Bergregionen zu finden ist. Da die Aufgabe von enormer Bedeutung ist, wird es auch die Errungenschaft sein.

Diese Errungenschaft hat kaum etwas mit Symbolen und Äußerlichkeiten zu tun. Dennoch wird sie gewaltigen Einfluss ausüben auf den Verlauf unseres gesamten Lebens und aller Geschehnisse. In unserem Inneren kommt es zu weitreichenden, revolutionären Umbrüchen.

Wie erhalten wir bewussten Zugang zu unserem eigenen Inneren, den steilen Abhängen und Hohlwegen, der Begeisterung und Niedergeschlagenheit, den Vorlieben und Abneigungen, den Dichotomien, den Mustern, dem gesamten Prozess der Konditionierung, der Zersplitterung, dem Denken und Suchen, die im Hier und Jetzt den Zustand des inneren Friedens, der Zufriedenheit und Freude durchkreuzen? Wie soll unser Geist eine Ganzheit erfahren, die äußere Symbole uns nicht bieten können?

Auch hier gibt es keinen anderen Weg als unsere Bewusstheit, ständige Beobachtung, ungetrübten Scharfblick, Distanz und Selbstvertrauen, durch die wir uns selbst beobachten, den Vorgang schließlich durchschauen und frei werden. Für mich bedeutet Errungenschaft Freiheit, die absoluter Selbstbewusstheit und Erkenntnis entspringt. Errungenschaft ist somit im eigentlichen Sinne nicht das, was wir haben, sondern das, was wir sind.

ESSAY 7

Ist Anhaften ohne Freude möglich?

Wenn ich eine Arbeit habe, die mich unglücklich macht, warum gebe ich sie trotzdem nicht auf? Vielleicht deshalb, und nur deshalb, weil ich sie zum Überleben brauche, um Leib und Seele zusammenzuhalten. Bei der ersten Gelegenheit kündige ich und suche mir neue Arbeit. Wenn mir mein Ehepartner das Leben zur Hölle macht, warum verlasse ich ihn nicht? Weil ich Angst davor habe, in der darauf folgenden Einsamkeit noch unglücklicher zu sein. Der Mensch hat instinktiv Angst vor Einsamkeit und Leere, er fürchtet sich vor dem Unbekannten.

Es dürfte wohl Angst sein, die uns in unglücklichen Situationen hängen bleiben lässt – sei es in der Arbeit, in einer Ehe, wo auch immer. Der Schlüssel dazu ist die Angst. Das Bindeglied zwischen einem Mann und seiner Arbeit, seiner Frau oder einer anderen Beziehung ist, wenn auch auf unglückliche Weise, die Angst. Die Angst vor noch größerem Unglück macht es einem Menschen möglich, Unglück zu ertragen. Auch wenn der Mensch Unglück ertragen kann, so ist er doch nie daran gebunden, nie. Bei der ersten Gelegenheit sucht er das Weite. Dies führt uns zu einem wichtigen Prinzip: ohne Vergnügen gibt es kein Anhaften. Oder umgekehrt formuliert: ohne Schmerz keine Abneigung.

Hängen wir nicht alle an unseren Frauen oder Männern, unseren Liebhabern, unserem Geld, unseren Autos, Besitztümern, Ideen, Anschauungen usw.? In der Tat, denn all das bereitet uns Vergnügen.

Auch an der Beschränktheit hängen wir, weil sie uns unmittelbare sinnliche Befriedigung, unmittelbares Vergnügen bereitet. Dieser Mechanismus aus Vergnügen und Anhaften lässt sich zu unserem Vor- oder Nachteil verwenden oder dazu, die eigene Bewusstheit zu stärken oder die Augen davor zu verschließen.

Wie trifft ein Kind seine Wahl, wie handelt und verhält es sich? Es trachtet nach reiner Freude. Es kennt keine Angst, kein Anhaften. Es ist spontan und frei, geht ganz im Augenblick auf. Es ist auf dem Pfad reiner Freude, reinen Vergnügens und reiner Bewusstheit. Ein Kind ist die physische Verkörperung des Göttlichen in Menschengestalt.

Wenn nun die eigene Bewusstheit das einzige Antidot gegen die eigene Unwissenheit, den eigenen Schmerz ist, wie lässt sich unsere eigene Bewusstheit angenehm anstatt schmerzvoll gestalten? Offenbar ist Bewusstheit an sich etwas höchst Angenehmes, reine Freude und Wonne. Deshalb macht sich jeder Mensch früher oder später auf die Suche danach. Die Frage ist: wonach sucht er momentan? Oft sucht er die Befriedigung seiner sinnlichen Bedürfnisse, was ihn langfristig gesehen süchtig und unglücklich machen kann. Die Jagd nach dem Vergnügen kann schmerzvoll enden.

Vergnügen ist der natürliche Anreiz, neues Leben zu schaffen – nehmen wir die sexuelle Lust als Beispiel. Dementsprechend bereitet jeder Akt zu größerer Bewusstheit Vergnügen, ob in Gedanken, Worten oder Taten, ob in Form von körperlichen, seelischen oder geistigen Handlungen. Nach dieser Art von Vergnügen trachten Schriftsteller, Bergsteiger oder andere erfolgreiche Menschen, wenn sie an einem Buch arbeiten, einen weiteren Gipfel bezwingen, den nächsten Sieg anpeilen wollen. Errungenschaften sind ein Nebenprodukt, gesteigerte Bewusstheit ist für den einzelnen die Quelle neuen Vergnügens. Der Reichtum an innerer Zufriedenheit, den diese Bewusstheit ermöglicht, ist uns das wichtigste zu erreichende Ziel.

Damit kommt dem Vergnügen ganz offensichtlich eine enorme Bedeutung im Verlauf des gesamten menschlichen Lebens zu. Das zu leugnen wäre töricht. Was uns von anderen unterscheidet, sind unsere Quellen und Möglichkeiten, nach Vergnügen zu trachten und es zu erlangen. Vergnügen steigert den Lebensgenuss, es erneuert und erfrischt uns. Es macht das Leben lebenswert und erneuert unsere Bereitschaft, ein erfolgreiches Leben zu führen. Die Quelle allen Vergnügens, die Quelle reinen, endlosen Vergnügens ist absolute Bewusstheit. Bezeichnenderweise blenden wir oft bei der Suche nach dem Unmittelbaren das Ewige aus, auf der Suche nach dem Endlichen wenden wir uns vom Unendlichen ab, auf der Suche nach dem Teil verlieren wir das Ganze aus den Augen, und wenn wir nach dem Unmittelbaren greifen, entkommt uns das Dauerhafte. Ja, wir leben unterhalb unseres vollen Potenzials, wenn wir nach anderen Dingen als nach Vergnügen, nach reinem, endlosen Vergnügen trachten.

Doch dieses Vergnügen kann nur aus absoluter Bewusstheit kommen, die jenseits von Zeit, Körper, Denken und Geist angesiedelt ist. Dieser

Zustand absoluter Bewusstheit bereitet ungeahntes Vergnügen, ohne an etwas gebunden zu sein. An diesem Punkt verlassen wir schließlich die Welt der Kausalzusammenhänge. Ein Mensch, der in Armut lebt und nur ein Paar Schuhe sein eigen nennt, hängt daran und fürchtet es zu verlieren. Was, wenn du nun unzählige Paar Schuhe besitzen würdest? Es fiele gar nicht auf, wenn eines fehlt. Genauso verhält es sich mit Bewusstheit und Vergnügen. Wenn alles zu dir gehört, was soll dann die Frage nach dem Anhaften?

Das Anhaften entsteht aus Verlustangst, aus einem Gefühl der Begrenztheit. Anhaften ist der Begleiter des Vergnügens in Form eines Wunsches nach Wiederholung, der aus der Erinnerung rührt, und in Form der Angst, der Quelle des Vergnügens verlustig zu gehen. So hängen wir also an unseren Eltern, unseren Ehepartnern, Kindern, an unserer Arbeit usw. Das bedeutete Liebe für uns, doch eigentlich hat es sich lediglich um ein Anhaften gehandelt, dem Vergnügen zugrunde lag und von Angst begleitet wurde. Liebe kennt keine Angst. Wir haben das Anhaften mit Liebe, Befriedigung mit Vergnügen verwechselt.

Unsere Herzen haben wir Trivialitäten geöffnet und dabei den unerschöpflichen Schatz nie endender Liebe und Bewusstheit in uns ausgeklammert. Unser Körper und Geist und unsere Seele haben uns getäuscht. Häufig haben wir uns selbst hinters Licht geführt. Wir haben es versäumt, uns mit dem Denken und Herzen der Macht der Liebe zuzuwenden und uns ihr zu öffnen. Leider hat uns der Machthunger zu oft überwältigt, und

Oberflächlichkeiten haben unser Leben beherrscht. Womöglich laufen wir trivialen und vergänglichen Vergnügungen hinterher. Wir sollten danach trachten, mit all der uns zur Verfügung stehenden Intensität nach Freude zu streben, wir sollten nach dem Ursprung nie endender, dauerhafter und unerschöpflicher Freude suchen. Anhaften und Angst sollten wir entlang unseres Weges zurücklassen. Wenn wir den Weg zu nie endender Freude beschreiten, sind wir der absoluten Bewusstheit auf der Spur.

ESSAY 8

Hat das Glück einen goldenen Löffel im Mund?

Reichtum macht glücklich. Wahrscheinlich ist das die am weitesten verbreitete Fehleinschätzung, die der Mensch kennt. Weltweit. Stimmt das wirklich? Macht Reichtum wirklich glücklich?

Man kennt die Bilder vieler Menschen, die von der Hand in den Mund leben und dennoch ihrem Leben einen Sinn abgewinnen, die trotzdem lächeln, fröhlich und glücklich sind, obwohl sie mit vielen Widrigkeiten und Beschränkungen zu kämpfen haben. Vielleicht erinnert man sich gern an ein gutes Abendessen pro Jahr, während der Alltag für sie den Kampf ums schlichte Überleben bedeutet. Dennoch, es wird gelächelt, man teilt, was man hat, man kümmert sich um den anderen, man ist glücklich. Und dann sind da die Reichen, die in unendlichem Überfluss schwelgen und dennoch Schlaftabletten brauchen, um einschlafen zu können, die Tag für Tag trinken müssen, um ihre strapazierten Nerven zu beruhigen, die sich verunsichert fühlen, wenn sie auch nur ein Bisschen von ihrem Reichtum abgeben sollen, die sich oft unglücklich und elend fühlen und die nur sehr schwer mit anderen teilen oder sich gar um andere kümmern können. Warum? Wie kommt das?

Ein solcher Mensch hat zwar Geld und lebt im Überfluss, leidet aber unter tiefsitzenden Ängsten und hat mit Unsicherheitsgefühlen zu kämpfen. Materiell gesehen leben diese Menschen im Überfluss, aber in ihrem Kopf herrscht die Armut. Sie haben Angst, fühlen sich unsicher, wie ein

Mensch, der in Armut lebt. Auch kennen sie dessen sorglose und freudvolle Momente nicht. Wieso kann Reichtum eine solche Last bedeuten? Warum kann Reichtum zur Quelle unserer Sorgen werden? Vater und Sohn, die einander bekämpfen, Mann und Frau, die getrennte Wege gehen, Geschwister, die miteinander auf Kriegsfuß stehen, Entführungen, um Lösegeld zu erpressen, Sex gegen Geld und Berühmtheit, Heirat aus monetären Erwägungen: das sind harte und widerwärtige Tatsachen, denen wir oft genug begegnen auf dieser Welt. Warum steckt im Reichtum das Potenzial, einem Menschen Probleme zu bereiten?

Reichtum ist nur dann ein Wert, wenn damit die Weisheit und die Sorgfalt einhergeht, das Geld klug einzusetzen. Geld ist ein guter Diener, aber ein schlechter Herr. Macht bedeutet Verantwortung ohne Kontrolle. Was passiert, wenn jemand, der über große Reichtümer verfügt, sein eigenes Denken nicht beherrscht und getrieben wird von ungezügelten Vorstellungen, flüchtigen Launen, ungestümen Leidenschaften, einem aufgeblasenen Selbstbild, unausgeglichenem Denken, überholten Erinnerungen, Ängsten und Hoffnungen seiner Vergangenheit und seinen Phantasien? Wer Geld hat, aber der Weisheit entbehrt, dem mangelt es auch an klarem und ausgewogenem Denkvermögen, an einer ausgeglichenen Gefühlwelt, an planvollem Handeln. Das Geld und dessen Macht vermag ihm unzählige Schwierigkeiten zu bereiten und kann unsägliches Leid hervorrufen. Im Alltag stoßen wir auf viele Beispiele dafür. Das Geld wird zum Fluch, hört auf, ein Segen zu sein. Einem solchen Ignoranten und Toren wären diese Probleme vielleicht erspart geblieben, wären seine Taschen leer geblieben.

Damit wird klar, dass Geld lediglich ein Mittel, ein neutrales und zweischneidiges Werkzeug darstellt. Seine vernünftige Verwendung hängt von persönlicher Reife und Weisheit ab. Es kann ein höchst nützlicher Diener, aber auch ein törichter und gnadenloser Herr sein. In einer Kultur wie der unseren braucht man Geld, um Essen und Trinken zu kaufen, um ein Dach über dem Kopf zu haben. Das ist die adäquate Verwendung von Geld. Doch Geld ist kein Garant für Glück und Seelenfrieden. Mit Geld kann man Diener kaufen, aber nicht deren Loyalität, oder einen Liebhaber, aber keine Liebe, eine Frau, aber nicht deren Zuneigung und Loyalität. Geld hat offensichtlich auch seine Grenzen. Die Bedürfnisse eines Menschen gehen über das rein Körperliche hinaus. Sein Geist sehnt sich nach Gesellschaft, sein Herz nach Liebe. Mit Geld lässt sich das nicht ohne weiteres erkaufen.

Somit wird deutlich, dass Geld kein Garant für Glück ist. Reichtum kann Glück oder Unglück bringen. Wozu braucht ein Mensch Geld, der genug zu essen hat, saubere Luft zum Atmen, Wasser, um seinen Durst zu löschen, ein Dach über dem Kopf, Menschen, die ihn lieben und die er liebt? Die Erfüllung seiner Grundbedürfnisse, seine Weiterentwicklung, seine zunehmende Selbsterkenntnis und Selbstbeherrschung sind es, die ihm dauerhafte Erfüllung, Glück und Freude bescheren. Die Anhäufung von Geld bedeutet unter Umständen die Anhäufung von Ängsten, ist aber ganz bestimmt nicht der Schlüssel zum Glück. Nein, das Glück hat keinen goldenen Löffel im Mund. Wo der Geist frei ist von Konflikten, dort ist das Glück anzutreffen.

ESSAY 9

Könnten sich Widrigkeiten nicht nachträglich als Segen herausstellen?

Wenn ich verhätschelt werde, mir jeder Wunsch von den Augen abgelesen, jeder Schmerz von mir genommen, jede Laune nachgesehen wird, wenn ich abgeschottet werde vor jeder unangenehmen Realität des Lebens, wenn ich von meinen Eltern, Geschwistern, der Familie, meinen Freunden und Verwandten geschützt werde, lerne ich dann etwas, werde ich je erwachsen werden und soviel Stärke und Stabilität entwickeln, dass ich mich der Welt stellen kann? Wenn ich ständig getragen werde, wie soll ich dann selbst das Gehen lernen? Wenn ich mich immer auf Krücken fortbewege, wie soll Kraft in meine Beine gelangen? Oder läuft die Verwendung von Krücken auf das Eingeständnis hinaus, dass meine Beine nie kräftig genug sein werden, um ohne diese Hilfsmittel gehen zu können? Wenn ja, stelle ich mich dieser Tatsache? Bin ich mir meiner Beschränkungen, meiner Stärken, meiner Fähigkeiten, meiner selbst bewusst? Wenn ich mit besitzergreifenden Liebesbeweisen überhäuft werde, deren Grundlage Angst und Unsicherheit ist, wie soll ich lernen, auf mich selbst gestellt zu sein? Kann ich mich dann mit Widrigkeiten auseinandersetzen, ohne davon zu laufen, ohne Ausflüchte zu suchen? Werde ich den Mut haben, mich diesen Widrigkeiten zu stellen?

Bin ich in der Lage, die Tatsache anzuerkennen, dass widrige und glückliche Umstände zwangsläufig Teil des Lebens sind, die ihren Sinn haben? Bin ich fähig, aus Widrigkeiten etwas zu lernen? Habe ich die wichtige

Tatsache begriffen, nachdem ich sie registriert und über sie nachgedacht habe, dass widrige Umstände oft die Quelle für unsere größten Stärken sind, dass sie sich im nachhinein oft als Segen erweisen? Verfüge ich über soviel Liebe, Geduld, Mut, Selbstakzeptanz, Demut und Anstand, um den Segen widriger Umstände zu erkennen, anzunehmen und mich davon bereichern zu lassen? Das ist für mich die entscheidende Frage, auf die es ankommt.

Diese Frage ist schon aus dem Grund entscheidend, weil einige unserer größten Stärken, unsere Reife und Weisheit und unsere größte Inspirationsquelle inmitten widriger Umstände zutage treten. Sobald der menschliche Geist durch Unglück herausgefordert wird, beginnt er tiefer zu graben, sucht nach Antworten, Alternativen und Anregung im eigenen Inneren. Er trachtet nach jedem Misserfolg danach, wieder auf die Beine zu kommen, wie ein kleines Kind, das sich wieder aufrappelt, nachdem die ersten Gehversuche gescheitert sind. Es bereitet großes Vergnügen, ein Kind zu beobachten, das Stehen und Laufen lernen will. Unter großen Anstrengungen versucht es aufzustehen, hält sich einige Augenblicke mühsam aufrecht und plumpst dann wieder auf seine vier Buchstaben. Es verharrt einige Momente und versucht es erneut. Vielleicht klammert es sich an einen Stuhl oder Hocker und kann so einige Augenblicke aufrecht stehen. Wenn es hinfällt, spürt es einen angeborenen Drang, es erneut zu versuchen. Dabei geht das Kind ganz im Augenblick auf, ohne die gescheiterten Versuche zu zählen, ohne seine Chancen für Erfolg oder Misserfolg abzuwägen, ohne sich über die aufgewendeten oder noch kommenden Mühen Gedanken zu machen. Es lebt ganz und gar im gegenwärtigen Augenblick, im Jetzt. Ein Kind lebt nur im Hier und Jetzt, sonst nirgends. Niemand, und sei er noch so geschickt, kann einem Kind das Laufen beibringen, auch nicht durch ausgefeilte Erziehungsmethoden. Und man kann es auch nicht davon abbringen, das Aufstehen zu üben. Das ist nämlich ein natürlicher Prozess, der Wille dazu entsteht spontan, mühelos. Das soll nicht heißen, dass es sich um einen einfachen Vorgang handelt, sondern dass er natürlich ist. Der Drang, auf eigenen Beinen stehen zu wollen, ist ein natürlicher Vorgang. Die Anstrengungen dazu geschehen quasi mühelos, es sei denn, das Kind ist in irgendeiner Weise behindert. Ein Erwachsener, der bereits durch unzählige Gedanken konditioniert wurde, ist wahrscheinlich nur noch in Einzelfällen in der Lage, wie ein Kind ganz und gar im Augenblick aufzugehen. Er unternimmt vielleicht nur ein paar halbherzige Versuche, eine Aufgabe zu bewältigen und gibt dann auf, bittet um Hilfe oder sucht jemanden, der die Sache für ihn in die Hand nimmt.

Das Leben mit seinen verschiedenen Aktivitäten kann also zum Kampf werden, es sei denn, man geht ganz im Jetzt auf, gibt sich vollständig der zu bewältigenden Aufgabe des Augenblicks hin. Nur wenn man sich mit Interesse und Aufmerksamkeit auf den Augenblick konzentriert, kann man im Hier und Jetzt leben und bewältigen, was zu bewältigen ist. Damit kommen wir zur Frage widriger Umstände. Was sind Widrigkeiten?
Widrigkeiten sind einfach ausgedrückt unerwünschte Geschehnisse wie

etwa pleite gehen, eine Gliedmaße verlieren, eine gescheiterte Ehe, der Tod eines geliebten Menschen, Rufschädigung und Skandal, Schulden, Isolation und Angst, Probleme in Familie und Beruf, mit aufsässigen oder behinderten Kindern zurechtkommen müssen – also alles, was uns mit Schmerz konfrontiert. Wir können den Schmerz entweder zulassen oder ihn verdrängen und unsere Wut auf imaginäre Feinde oder Ideologien abwälzen. Widrigkeiten erzeugen Schmerz, das ist eine Tatsache, und der Schmerz lässt sich nur auf eigenes Risiko verdrängen.

Das Leben konfrontiert uns zuweilen mit widrigen Umständen, auch wenn wir versuchen, das zu verdrängen oder auszuweichen. Widrigkeiten bringen uns Schmerz, auch diese Tatsache können wir nicht verdrängen oder ihr ausweichen. Natürlich können wir den Schmerz verdrängen, so tun, als gäbe es ihn nicht. Wir können das Zwangsläufige aufschieben. Doch letztlich müssen wir uns widrigen Umständen, dem Problem an sich und der Tatsache stellen, dass es wehtut. Wir müssen uns den Schmerz an sich völlig bewusst machen. Häufig fehlt uns jedoch die Kraft dazu. Wie das Kind, das immer wieder hinfällt und sich aufrappelt, dürfen wir im Bemühen, den Schmerz an sich ganz und gar zu spüren, nicht nachlassen. Wir sollten keinerlei Anstrengungen unternehmen, den Schmerz ganz oder teilweise auszublenden. Wir müssen begreifen, dass Fluchtgedanken nutzlos sind, weil sie den Schmerz und die Angst nur verstärken. Widrige Umstände müssen bedingungslos anerkannt werden, und zwar ohne sie zu erklären, zu rationalisieren oder zu verdrängen. So erkennen wir die Existenz eines Problems an. Dann fühlt man den Schmerz, der mit dem

Problem einhergeht. Das könnte an unsere tiefsten Ängste rühren: Angst vor Isolation, Strafe, Zurückweisung, dem Tod, Angst, sich lächerlich zu machen – Angst wovor auch immer. Man sollte sich im klaren darüber sein, dass die einzige Möglichkeit, die wir haben, Schmerz dauerhaft und komplett zu überwinden, ausschließlich darin besteht, ihn ganz und gar zu fühlen. Es gibt keine Möglichkeit, dem Schmerz zu entgehen, weil er etwas Zwangsläufiges hat. Ich begreife diese Tatsache und ordne mich ihr unter, damit ich den Schmerz ganz und gar fühlen kann. Natürlich sollte und werde ich in Fällen, in denen der Schmerz mich völlig lähmen und mein Denken blockieren kann, meiner Intuition folgen. Unter Umständen sind kurze Phasen des Aufschubs erforderlich, ein Augenblick des Aufschubs, um dann den Mut zu finden, mich dem Schmerz wieder stellen zu können. Es gibt jedoch etwas, das über jeden Zweifel erhaben ist: der Schmerz ist eine Tatsache, der ich nicht entkommen kann. Wenn ich das begriffen habe, will ich gar nicht mehr ausweichen. Dann kann ich den Schmerz nehmen und die Weisheit erkennen, die hinter dem nicht ausweichen Können steckt.

Wird der Schmerz erlebt, so gibt er uns die Möglichkeit, das durch ihn verursachte Problem zu begreifen. Dabei handelt es sich nicht um trockenes intellektuelles Verständnis, das an der Oberfläche bleibt, sondern um ein tiefes, unmittelbares und komplettes Verstehen des Problems. Der Schmerz und das Problem erleichtern diese Einsicht, dieses Verständnis. Aus diesem Verständnis erwächst das Mitgefühl für alle Menschen, die unter einem derartigen Schmerz leiden. Ist der Schmerz erst einmal vollständig gefühlt worden, löst er sich auf und hinterlässt im Denken lediglich eine tiefe Bewusstheit, ein tiefes Mitgefühl. Dieses Mitgefühl, diese Tiefe der Bewusstheit, dieses Verständnis, diese ungewöhnliche Einsicht in die Zwangslage des Menschen ist das einzigartige Geschenk widriger Umstände an uns. Diese verstärkte, erweiterte und vertiefte Bewusstheit und das entsprechende Verständnis und Mitgefühl sind die positiven Folgen widriger Umstände. Der Schmerz hat uns hinsichtlich mehr Bewusstheit bereichert, und diese Bewusstheit macht unseren eigentlichen Wesenskern aus. Vergnügen und Schmerz folgen naturgemäß den Vorlieben und Abneigungen von Körper und Geist und werden durch Konditionierung weiter verändert. Doch trotz all dieser Gegebenheiten bildet unsere eigene Bewusstheit den Kern unseres Lebens. Indem wir unsere Wahrnehmung anderer Menschen, des Lebens und unserer selbst erweitern und vertiefen, sind Widrigkeiten eigentlich ein Segen für uns. Das Geschenk widriger Umstände erweist sich im nachhinein als Segen.

ESSAY 10

Hat ein Leben ohne Einsicht Sinn?

Wenn sich ein Mensch so fühlt, als sei er getrennt und losgelöst vom Rest der Menschheit, hat das Leben dann einen Sinn? Würden die Milliarden von Menschen auf dieser Erde jeder für sich in einer Hülle der Abgeschiedenheit leben, ohne Anteil zu nehmen am anderen, ohne sich um andere zu kümmern, und würde jeder nur nach seinem eigenen Glück, der Befriedigung seiner physischen Bedürfnisse und seines leiblichen Wohls trachten, wäre die Menschheit dann glücklich? Oder würde das die Konflikte und Streitereien in der Welt verschärfen? Wenn einzelne Angehörige einer Familie ihre eigenen Wege gingen, nach dem eigenen Glück strebten, wäre es dann überhaupt eine Familie? Wenn ich nicht versuchen würde, die Grenzen der Getrenntheit zwischen mir und anderen zu überwinden, die Getrenntheit einer begrenzten und konditionierten Identität meiner selbst, wäre mein Leben dann sinnvoll? Hat das Leben einen Sinn, wenn es keine Einheit gibt?

Wenn ich sage, dass ich dich und mich als Einheit sehe, was bedeutet das? Soll das heißen, dass wir keine Individualität, keine Privatsphäre, keine Unabhängigkeit haben, keine einzigartigen Wesen sind? Natürlich nicht! Es bedeutet vielmehr, dass ich die fundamentale Einheit zwischen dir und mir begriffen habe. Das bedeutet wiederum, dass ich die Struktur des konditionierten Denkens und die begrenzende Vorstellung eines separaten Selbst in der Tiefe meiner Gedankenwelt als falsch entlarvt habe. Nur im Zuge der Demontage dieser von Menschen bei ihrer Wahrnehmung errichteten Begrenzungen wird meine Wahrnehmung einfach, unmittelbar und klar. Dann erkenne ich unsere jeweiligen Identitäten, ohne Getrenntheit und Konflikt hervorzurufen. Dann kann ich meiner Selbstentfaltung nachgehen, ohne eine Bedrohung für die deine darzustellen. Mein Leben gewinnt an Tiefe, Bedeutung und Sinn, und zwar direkt proportional zur Beseitigung des Konflikts in meinem Denken. Mein Denken wird nur frei von Konflikten, wenn ich die Vorstellung beseitige, es gäbe eine Trennung zwischen dir und mir, zwischen der gesamten Schöpfung und mir selbst. Dieses fundamentale Einssein mit der gesamten Schöpfung lässt in mir ein Gefühl der Ruhe, Freude und Zufriedenheit aufkommen. Diese Einheit ist es, die meinem Leben Sinn verleiht.

Politische Parteien, Religionen, Dogmen, Theorien, Glaubenssätze, Egoismen, Nationalitäten, Sprachen – es sind solche und unzählige andere Faktoren, die die Menschen voneinander trennen und die nichts als Konkurrenzdenken, Konflikt, Gewalt, Unsicherheit und Angst erzeugen. Diese Dinge begünstigen lediglich Gruppenrivalitäten, triviale Zielsetzungen, Selbstsucht, Lug und Trug und monopolistische Interessen. Keine Ideologie, kein Ideal, keine Religion, keine Theorie und kein Dogma kann mich je glücklich machen, wenn ich mich vom Rest der Schöpfung getrennt fühle, wenn ich an der Vorstellung des Getrenntseins in mir festhalte. Begleitet wird diese Vorstellung des Getrenntseins von der Angst. Solange die Angst da ist, gibt es Konflikte. In diesem Fall finde ich weder innere Ruhe noch Zufriedenheit.

Jeder Mensch, jede Kreatur auf Erden sucht nach Vergnügen, Glück, Zufriedenheit und Erfüllung. Nur im Bewusstsein unserer fundamentalen Einheit mit allem ist dauerhaft Frieden, Glück und Zufriedenheit erreichbar. Mein Leben ist ohne Frieden und Glück sinnlos. Deshalb ist es diese essentielle Einheit, die der gesamten Schöpfung, so wie sie ist, zugrunde liegt, die dem Leben Sinn verleiht. Es ist die Bewusstheit, die meinen Körper, meine Seele und den Geist beseelt, die dem Leben Sinn verleiht. Es ist diese Bewusstheit, die von der Einheit mit den anderen Menschen weiß, ohne die Struktur des Denkens, jenseits der Barrieren des Raums, der Zeit und des Geistes, jenseits der Barrieren von Objekt, Emotion und Denken. Diese Intelligenz und Energie beseelt als Bewusstheit jede Zelle meines Körpers, jedes Teilchen im Universum. Ich bin kein abgetrennter Beobachter. Ich bin das Universum, das ich beobachte, da das Universum und ich einen ständigen Strom aus Intelligenz und Energie darstellen. Deshalb bildet die gesamte Schöpfung, die gesamte Existenz, das gesamte Leben ein ungeteiltes Ganzes. Nur diese Einheit verleiht dem Leben Schönheit, Faszination und Bedeutung.

ESSAY 11

Zweck

Weshalb sollte das Leben einen Zweck haben? Der Grossteil unserer Erziehung richtet sich darauf, dem Menschen einen Zweck, ein Ideal für sein Leben einzuprägen. Ein Ideal ist lediglich eine Vorstellung, es befindet sich nie im Hier und Jetzt, ist nie die Realität, so wie sie ist. Es ist eine Idee, die jemand anderer für uns definiert hat, eine aus dem Hier und Jetzt gerissene Idee, die immer in der Zukunft angesiedelt ist. Der Zweck des Menschen ist es also, ein Ideal zu erreichen, und dieses Ideal befindet sich nie im Hier und Jetzt, sondern immer in der Zukunft. Wir werden im Namen eines Ideals beherrscht und so oft versklavt.

Warum sollten Vorstellungen und Ideale unser Leben beherrschen? Warum sollte das Leben einen Zweck haben?
Wir fühlen uns unzulänglich, so wie wir sind. Wir fühlen uns unbedeutend, so wie wir sind. Wir fühlen uns richtungslos, so wie wir sind. Wir fühlen uns unsicher, so wie wir sind. Wir fühlen uns ängstlich, machen uns Sorgen und sind frustriert, so wie wir sind. Also erfinden wir einen Zweck, ein Ideal als Mittel, um der Realität unseres Lebens zu entkommen. Ideal und Zweck sind eine gesellschaftlich anerkannte und verherrlichte Form des Eskapismus. Ach wie töricht wir doch sind! Im Namen der Größe leben wir von irrealen Phantasieprodukten aus unserer Einbildung! Wir weichen den harten Tatsachen, unserer eigenen Leere und Bedeutungslosigkeit, der Realität des Hier und Jetzt aus! Häufig sind unsere Ideale und unser Streben danach eine Übung in Eskapismus.

Um den Zweck unseres Lebens zu entdecken, müssen wir wissen, wer wir wirklich sind. Wir müssen uns selbst kennenlernen, uns unserer selbst bewusst sein. Um uns selbst zu begreifen, müssen wir die Realität im Hier und Jetzt anerkennen, wie sie ist. Wir werden auch in der fernen Zukunft nicht berühmt sein. Und selbst wenn, was hilft es uns, großartige Dinge zu wissen, aber vor uns selbst davonzulaufen? Der Glanz und die Symbole des Erfolgs sind lediglich prächtige Bilder, deren Reiz verblassen wird. Früher oder später wird mir meine Maske zur Last, mein eigentliches Wesen, mein wirkliches Selbst wird vergeblich nach Befreiung, nach Erfüllung rufen. Jahrzehnte der Gewohnheit, der gedankenlosen Konformität, der Jagd nach Idealen oder Phantasieprodukten meiner eigenen Einbildung oder jener der anderen haben mich völlig hinter einer Maske verschwinden lassen. Gewohnheit ist ein Hemd aus Eisen. Jetzt kann ich es nicht mehr ablegen. Ich muss mit der immerwährenden Last so genannter Größe leben, die mit einer nagenden inneren Frustration und Leere einhergeht. Die Show muss weitergehen, der Einsatz ist zu hoch, also mache ich weiter so, vielleicht bis zum Tod. Mag mir die Gesellschaft auch Denkmäler setzen, ich widere mich dennoch in Selbstverachtung an und spüre nur noch meine Verdrängungen, Verleugnungen, Konflikte, Ängste, Frustrationen, meine Falschheit und Oberflächlichkeit.

Mechanisch plappere ich über so genannte große Ideale und Chancen und höre mich doch von Tag zu Tag hohler an. Ich suche nach immer neuen Formen der „Größe“ – Eskapismus in wechselnder Gestalt. Während ich mich der schalen Übung so genannter Erhabenheit hingebe, bringe ich doch nie den Mut auf, mich mit mir selbst zu konfrontieren. Denn das würde bedeuten, mich meiner Kleinheit, Bedeutungslosigkeit, Unzulänglichkeit, Sterblichkeit, Gewöhnlichkeit und Banalität zu stellen. Davor bin ich schon vor Jahrzehnten geflohen, habe mich in die elfenbeinernen Türme so genannter „Größe“, in nutzlose Spekulationen bei der scheinbaren Verfolgung hehrer Ideale und Ziele geflüchtet. Die Gesellschaft, das ganze Land und was nicht noch alles wollte ich verändern und habe mir die Hände und Füße mit schweren Ketten aus Gold gefesselt. Von der oberflächlichen Massengesellschaft wird meine Sklaverei nicht einmal bemerkt, denn die Herde glorifiziert zumeist die Symbole des Erfolgs und frönt selbst dem Eskapismus. Ich werde bejubelt, erhalte Applaus, wenn man mich und meine gewaltigen goldenen Ketten erblickt. Die vulgäre Masse – fasziniert und angetan vom Erfolg und seinen Symbolen – nimmt meine Versklavung, meine Frustration und meine Höllenqualen gar nicht wahr. Ich erhalte Beifall, wenn ich bedeutungsloses Zeug über Größe fasele und dazu aufrufe, meinem Beispiel zu folgen. In ihrer geistlosen Konformität und Versklavung, die als Erhabenheit daherkommt, fliehen unwissende und habgierige Leute auf ihrer Jagd nach äußerlichen Symbolen des Erfolgs, denen die Kraft fehlt, die Tatsachen anzuerkennen, so wie sie sind, in die Welt der Ideale, Vorstellungen und Zweckmäßigkeit, in die Verherrlichung von Statussymbolen, weil sie den Tataschen nicht ins Auge blicken wollen.

Wie soll ein Unwissender, der sich selbst nicht kennt, herausfinden, welchen Zweck sein Leben hat? Ich muss im Hier und Jetzt, in diesem

Augenblick, den Tatsachen ins Auge blicken, wie sie sind. Verharre ich bei meiner Wahrnehmung im Hier und Jetzt, bleibe ich wach. Größe heißt, meine eigene Bedeutungslosigkeit zu erkennen. Meine Richtung finde ich, wenn ich meine eigene Richtungslosigkeit erkenne. Stärke heißt, meine eigene Schwäche zu erkennen. Freiheit heißt, meine eigene Gefangenschaft zu erkennen. Wissen bedeutet, die Tatsachen anzuerkennen, wie sie sind. Errungenschaft heißt, im Hier und Jetzt ehrlich mir selbst gegenüber zu sein. Wenn ich im Augenblick meiner selbst völlig bewusst bin, bin ich frei. In dieser totalen Wahrnehmung und bedingungslosen Freiheit enthüllt und erfüllt sich der Zweck meines Lebens.

ESSAY 12

Konkurrenzverhalten

Was ist die Grundlage für Konkurrenzverhalten? Geht es um die Suche nach herausragenden Leistungen oder steckt ein Gefühl der Unzulänglichkeit dahinter? Konkurrenzverhalten impliziert, besser sein zu wollen als die anderen. Damit wird der andere zum Bezugspunkt und Maßstab. Lässt es sich wirklich glücklich und zufrieden leben, wenn wir den Reichtum oder Status, die Leistungen oder Errungenschaften anderer als Bezugspunkt für unseren eigenen Standort nehmen? Bereitet eine auf Wettbewerb beruhende Einstellung nicht den Nährboden für Eifersucht, Neid, Konflikt, Hass, Selbstsucht, Betrug und Rücksichtslosigkeit, für Kurzsichtigkeit und ein gestörtes Denken, dem Zufriedenheit, Ruhe und Glück abhanden gekommen sind?

Wenn ich die 100 Meter heute in einer bestimmten Zeit zurücklege und morgen versuche, mich zu steigern, dann ist das sinnvoll. Ich versuche, meine Leistung zu verbessern, mein eigener Meister zu sein. Für mich ist es der Prozess, mich selbst zur Meisterschaft zu bringen, sind es die damit verbundenen physischen und seelischen Herausforderungen und Schwierigkeiten, die mein Bewusstsein reizen, ihm Freude, Zufriedenheit und Ausgeglichenheit schenken. Quelle meiner Erfüllung, meines Glücks ist die Erfahrung dessen, was ich habe, nicht dessen, was dem anderen fehlt.

Die Gesellschaft fördert Konkurrenzverhalten, ja sie profitiert davon, weil die meisten Menschen sich durch die Brille anderer beurteilen. In den meisten Fällen bildet Anerkennung durch andere den Schlüssel der Motivation. Eine in erster Linie auf Äußerlichkeiten Wert legende Gesellschaft floriert durch Konkurrenzverhalten und fördert es. So entsteht ein System des Wettbewerbs, beherrscht von Regeln und Vorschriften, das festlegt, was fairer und unfairer Wettbewerb ist und ihn billigt und gutheißt. Konkurrenzverhalten gilt als erwünscht, als Zeichen persönlicher Effizienz.

Konkurrenzdenken verhilft vielleicht einem Sportler nach härterem Training zu besseren Leistungen, es könnte einen Geschäftsmann anspornen, härter zu arbeiten, geschäftstüchtiger zu sein und mehr zu erreichen. Dem Konsumenten könnten bessere Produkte und Dienstleistungen offeriert werden. Es könnte die Innovation fördern und die Leistungsfähigkeit auf allen Gebieten steigern. Soweit die Vorteile des Konkurrenzdenkens. Es kann ein Katalysator sein für herausragende Leistungen und Errungenschaften, was häufig auch zutrifft. Und es besteht ein unauflösliches Band zwischen Konkurrenzdenken und unserem gesellschaftlichen System. Somit stellt es eine Tatsache für unser Leben dar, woran sich nichts ändern wird.

Womit wir uns hier beschäftigen, ist die Mentalität des Konkurrenzdenkens, die von unseren Bildungseinrichtungen, von uns als Eltern, als Lehrer, als Vorbilder für unsere Kinder und als Berufstätige aktiv gefördert und weitergegeben wird. Kann es sein, dass diese Mentalität in Form einer Lebenseinstellung nichts weiter ist als ein Nährboden für Unzufriedenheit, Eifersucht, Konflikt, Hass und Krieg?

Letztendlich suchen wir doch nach Glück, Frieden und Erfüllung, und jeder einzelne wird seinen eigenen Weg dorthin finden. Vielleicht genügt mir die Schönheit der Natur, das Zwitschern der Vögel, um mich glücklich und zufrieden zu machen. Oder ich bin innerlich zufrieden, wenn ich im Außen keine „großen" Dinge erreichen muss. Ich könnte andererseits aber auch zutiefst zufrieden und gelassen, selbstlos und zuvorkommend sein. Muss ich mir und anderen wirklich Probleme bereiten, muss ich mich in das ungestüme Rennen des erbarmungslosen Wettbewerbs stürzen?

Irgendwann werden wir zu dem Schluss kommen, dass ich für mein eigenes Glück, meine Zufriedenheit und Erfüllung lebe und nicht für ein imaginäres Erfolgsideal, das mir die Masse in ihrer Ignoranz vorlebt. Aufgrund meiner Schwäche, Hilflosigkeit und Verletzlichkeit habe ich mich oft vom Wunsch nach sozialer Anerkennung ködern lassen, bin ein Opfer der Konditionierung geworden. Doch irgendwann erkenne ich ganz deutlich, vollständig und sehr profund, dass meine innere Ruhe und Zufriedenheit nicht abhängig sind von äußeren Maßstäben, von Besitz, Konkurrenzdenken, sozialer Anerkennung oder Erfolg. Mein Privileg besteht darin, natürlich zu sein, das heißt, auf natürliche Weise friedfertig, froh, zufrieden, bereit, mit anderen zu teilen, mich um sie zu kümmern, denn das entspricht meinem Wesen. Sobald das Konkurrenzverhalten mit dieser Friedfertigkeit und Zufriedenheit kollidiert, lasse ich es links liegen und gehe ohne Reue meinen Weg.

ESSAY 13

Das Auf und Ab des Lebens

Unser Körper verlangt nach sinnlichen Eindrücken und Lust, der Geist sucht nach Stimulation und Anregung und unser Intellekt möchte schwierige Aufgaben bewältigen – bewusst oder unbewusst dürstet uns nach dauerhaftem Vergnügen, Frieden und Glück. Doch häufig erweist sich unser Streben als unerfüllbar. Warum dürstet uns nach Vergnügen und Glück, warum sind wir auf der Suche danach, warum wollen wir das unbedingt haben? Warum genügt es uns nicht, im Hier und Jetzt Zufriedenheit und Gelassenheit zu genießen?

Ganz offenkundig hat der Körper eigene Energien, Triebe und Bedürfnisse, der Geist ist in seiner Tiefe unterbewusst und unbewusst mit ihm eigenen Erinnerungen und Wünschen angefüllt, und auch unser Intellekt hat seine eigenen Bedürfnisse, seine eigenen Impulse. All das versorgt uns mit Triebkräften, bringt uns zum Handeln und lässt uns nach Erfüllung streben. Dieser Wechsel zwischen dem Gefühl der Leere und dem der Erfüllung stellt doch zwangsläufig das Zusammenspiel der Dualität im Bereich der materiellen Realität dar, oder nicht? Ob es uns gefällt oder nicht, dieser dynamische, unablässige Strom versiegt erst mit unserem letzten Atemzug. Glück und Trauer, Lust und Schmerz, Leere und Erfüllung, Einsamkeit und Zweisamkeit – die zwangsläufige Koexistenz und das Zusammenspiel dieser und anderer Polaritäten bildet den Fluss des Lebens. Das universellste und konkreteste Beispiel dafür ist unsere Atmung. Ein und aus, ein und aus, von der Geburt bis zum Tod atmen wir unablässig ein und aus. Würden wir nur einatmen, müssten wir ersticken. Das gilt auch, wenn wir nur ausatmen würden. Wir können uns weder an das eine noch an das andere klammern, weil die Atmung ein endloses Fließen ist, das im nie endenden Auf und Ab des Lebens immer wieder in sein Gegenteil mündet.

Genauso verhält es sich, wenn wir uns an Reichtum, Vergnügen oder Sicherheit klammern. Letztendlich würden wir seelisch, emotional und intellektuell stagnieren und ersticken. Jede Form des Festhalten, sei es an der Lust, der Sicherheit oder an Beziehungen, rührt von der Angst vor dem Gegenteil. Alles Klammern kommt von der Angst und ist gleichzeitig eine Übung, die zeigt, was Vergeblichkeit ist. Ob es uns gefällt oder nicht, das zwangsläufige Zusammenspiel der Polaritäten beherrscht uns. Weshalb sich also dagegen wehren? Was man ablehnt, ist von Dauer, und was man fürchtet, zieht man an. So neigen wir dazu, aus einer Mücke einen Elefanten zu machen, weil wir Widerstand leisten, uns an etwas klammern und es festhalten wollen, wegen unserer Angst, unserem Wunsch nach Wiederholung und Fortsetzung einer lustvollen Erfahrung und indem wir Schmerz vermeiden oder ausschalten wollen. Tatsache ist, dass es sich dabei um zwangsläufige und einander bedingende Kräftepaare handelt – das eine ist ohne das andere nicht möglich. Es ist töricht, sich auf das eine zu freuen und das andere abzulehnen. Ich sollte ohne Vorbehalte Lust und Schmerz, Zweisamkeit und Einsamkeit, Freude und Trauer willkommen heißen. Ich sollte sie wie Waffenbrüder willkommen heißen und keine Wahl zwischen ihnen treffen. Ich sollte beide mit offenen Armen empfangen. Wenn ich schon auf Distanz bleiben will, dann sollte ich mich von Lust und Schmerz, von Freude und Trauer gleichermaßen distanzieren.

Der fundamentale Irrtum besteht offenbar darin, dass man das eine möchte, während man das andere ablehnt, wo doch beide von entscheidender Bedeutung sind, um das Leben in seiner Tiefe und Ganzheit begreifen zu können. Es ist ein Zeichen von Oberflächlichkeit und Schwäche, wenn man das eine anstrebt, das andere aber zurückweist. Nur die reine Bewusstheit, die sich nicht an Erinnerungen, Konzepte, Verlangen und Bedürfnisse klammert, ist in der Lage, Lust und Schmerz als Einheit willkommen zu heißen. Wenn wir in unserem innersten Kern – der reinen Bewusstheit – verharren, ohne eine Wahl zu treffen oder uns an irgendetwas zu klammern, dann gehen wir über das Auf und Ab des Lebens hinaus und betreten die Freiheit der Zeitlosigkeit.

ESSAY 14

Das Menschliche und das Göttliche

Für mich sind das Menschliche und das Göttliche untrennbar. Trotz seiner kräftemäßigen Unterlegenheit, seiner Unterlegenheit im Bereich des Sehens und Hörens und was sein Tempo der Fortbewegung anbelangt, trotz zahlreicher Schwächen und Begrenzungen ist es dem Menschen gelungen, sich in eine Position der Überlegenheit zu manövrieren. Und bis zu einem bestimmten Grad hat er sich die Natur und die anderen Lebewesen auf der Erde untertan gemacht. Das wäre ein Ding der Unmöglichkeit gewesen, gäbe es da nicht eine Art höherer Intelligenz und Befähigung, die durch den menschlichen Geist wirkt. Meiner Auffassung zufolge sind diese höher entwickelten Fähigkeiten – Beobachtungs- und Auffassungsgabe und Unterscheidungsfähigkeit – Ausdruck des göttlichen Elements im Menschen. Doch damit allein könnte der Mensch nicht überleben, geschweige denn das repräsentieren, was er ist. Denn dieselbe unendliche Intelligenz, die im Geschöpf und der Schöpfung, in Sonne, Mond und Sternen, den Meeren, Wäldern und der immensen Artenvielfalt zum Ausdruck kommt, manifestiert sich auch im Menschen. Doch diese Göttlichkeit drückt ihre Pracht auf millionenfach unterschiedliche Art und Weise aus, von denen jede einzigartig und außergewöhnlich ist. Im Menschen verkörpert sich das Element des Göttlichen in Form seiner Beobachtungs- und Auffassungsgabe und Unterscheidungsfähigkeit.

Es stünde uns gut zu Gesicht, uns daran zu erinnern, dass wir bestenfalls ein Kanal sind, durch den sich die kosmische Intelligenz Ausdruck verschafft, die ihrem Wesen nach unendlich und daher jenseits der Beurteilung ist und nie begriffen werden kann. Um zum geeigneten Instrument für die Manifestation dieser kosmischen Intelligenz zu werden, muss man absolute Bescheidenheit an den Tag legen, leer und total aufnahmefähig werden. Das erfordert, Konzepte, Vorstellungen, Stolz, Vorurteile, Egoismen und frühere Eindrücke und Gelerntes zu überwinden. Man muss mit anderen Worten gegen die Strömung dessen schwimmen, was wir gelernt haben und was uns von Geburt an beigebracht worden ist. Lernen ist im Gegensatz zum Verlernen verhältnismäßig leicht, da wir uns geistig an das Bekannte klammern und unser Denken Angst vor seiner Vernichtung hat.

Tatsache ist und bleibt jedoch, dass das Menschliche und das Göttliche zwei Seiten derselben Medaille sind, die nicht getrennt sind und vom Wesen her eine Einheit bilden. Nur das konzeptionelle Denken verleitet uns, unsere Gattung als „menschlich" zu bezeichnen, um sie dann isoliert zu betrachten. Hier stoßen wir auf die fundamentalen Grenzen der so genannten wissenschaftlichen Betrachtungsweise – der Forscher steht abseits von dem, was er zu beobachten versucht. In Wirklichkeit gibt es jedoch keine Trennung zwischen dem, der beobachtet, und dem, was beobachtet wird. Diese ungeteilte Wahrnehmung, diese Harmonie und Einheit mit allem, ein typisches Merkmal der Realität, ist charakteristisch für alle Tiere, die im Einklang mit ihrer natürlichen Umgebung leben. Da wir uns gern mit der Erforschung von Einzelaspekten beschäftigen, werden wir das kosmische Puzzle nie lösen können, doch dürfte es dazu beitragen, dass wir immer mehr Enttäuschungen hinsichtlich unseres Lernprozesses und der Vergeblichkeit erleben, die „Realität" zu erforschen, die bestenfalls ein Bruchstück darstellt, das nur in unserem Kopf existiert. Worauf ich hinaus will, ist nicht, dass unser Forschungsobjekt gar nicht existiert, sondern dass es nicht isoliert existiert. Das bedeutet, dass die ausschließliche und isolierte Erforschung und Beobachtung eines Objekts, einer Pflanze, eines Lebewesens, eines Menschen oder Phänomens auf eine Getrenntheit hinausliefe, die es so nicht gibt. Demzufolge verzerrt der menschliche Geist aufgrund seiner beschränkten Beobachtungsgabe die Realität, die er zu begreifen sucht. So verhindert der Wunsch zu verstehen wirkliches Verständnis.

Was bedeutet das nun für uns? Wie erlangen wir echtes Wissen? Tatsache ist, dass sich Wissen oft spontan und mühelos einstellt. Je mehr wir uns bemühen, desto schwieriger wird es, Wissen zu erlangen. Spontanes und müheloses Begreifen ist das Spiel des Göttlichen in uns Menschen. Nur dieses Göttliche kann uns Sinn und Richtung geben, nicht hirnlose Plagerei, die aus Starrsinnigkeit und Vergeblichkeit rührt. Nachhaltige Bemühungen zeitigen zwar bestimmte Resultate, doch wenn wir nur ein isoliertes, aus dem Zusammenhang gerissenes Bruchstück begreifen, schaffen wir mehr Verwirrung als Klarheit. Je mehr wir also wissen, desto größer die Verwirrung. Eine Theorie widerspricht der anderen, doch beide scheinen zu stimmen. Das Wesen der Realität verblüfft unser Denken, denn die Projektionen und Beschränktheiten unseres Denkens verschleiern und verzerren die Realität, die angeblich betrachtet werden soll.

Das Göttliche durchdringt alles und ist unendlich. Dennoch ist es nicht losgelöst von unserer Menschlichkeit und uns selbst. Das Unendliche schließt nicht das aus, was wir als endlich begriffen haben. Es ist der Funke des Göttlichen, der uns in unserem Menschsein, in unserer Menschlichkeit bereichert und einzigartig macht. Wenn wir uns selbst verstehen, begreifen wir auch das Spiel der unendlichen außergewöhnlichen Kreativität innerhalb und außerhalb unseres Selbst. Der Mensch nennt diese unendlichen und außergewöhnlichen Kräfte der Kreativität „göttlich" und nimmt irrtümlicherweise an, dass sie von seinem eigenen tiefsten Selbst getrennt seien.

ESSAY 15

Stecken wir unsere Kinder in eine Zwangsjacke aus Gut und Böse?

Das Gefühl der Isolation, die für dich fast dem Tod gleichkommt, könnte für mich eine lebensspendende Quelle der Kreativität sein. Das Zusammensein mit anderen, das für dich den Rettungsanker der Freundschaft bedeutet, könnte für mich ein Hindernis darstellen. Die Liebe zum Geld, die deinem Leben Sinn und Sicherheit verleiht, könnte für mich in mehr als einer Hinsicht katastrophale Folgen haben. Das Privatleben, das dich erst so richtig aufblühen lässt, könnte für mich das vorzeitige Ende meiner Kreativität sein. Die Toleranz, die für dich die Krönung der Herrlichkeit bedeutet, könnte für mich ein Begräbnis sein. Gut und Böse können in der Tat für jeden Menschen, für jede Situation etwas anderes sein.

Dennoch ermahnen wir unsere Kinder zur Artigkeit. Beleidigen wir damit nicht ihre Intelligenz? Häufig schießen wir übers Ziel sogar noch hinaus. Wir pflanzen starre Vorstellungen in ihre Köpfe, die nur dem unseligen Zweck dienen, ihr Denken zu verstümmeln und ihre Kreativität zu zerstören. Vielleicht wollen wir aus einem Tiger eine Kuh machen, weil wir Kühe mögen und uns vor einem Tiger fürchten. Vielleicht wollen wir aus einer Giraffe ein Zebra machen, weil uns Streifen gefallen. Vielleicht wollen wir aus einer Schildkröte einen Hasen machen, weil wir Geschwindigkeitsfanatiker sind und Angst davor haben, als langsam zu gelten. Unsere Hoffnungen und Ängste, unsere Vorlieben und Abneigungen, unsere Erinnerungen und Phantasien, unsere Sorgen und Träume, all das projizieren wir häufig im Bemühen, etwas stellvertretend für andere zu leben, auf unsere Kinder. Wir stecken sie in ein Gefängnis aus angelernten Konzepten, aus Frustration und Bitterkeit und sorgen so dafür, dass sie uns gegenüber gleichgültig werden und uns hassen. Wir tun das, weil wir nicht in der Lage sind, ihnen genug Liebe zu schenken, sie in Ruhe zu lassen, ihnen Raum zum Wachsen zu geben, sie wegen ihrer selbst zu lieben und unserer Liebe zu gestatten, unsere eigenen Ängste und Sorgen zu überwinden.

Unsere Vorstellungen vom Guten gewährleisten das Wachstum des Bösen, unsere Vorstellungen vom Bösen blockieren und ersticken die Kreativität. Unsere als Liebe kostümierten Ängste, unsere als besitzergreifende Liebe getarnte Selbstsucht erweisen sich häufig als Wildwuchs eines Unkrauts, der das zarte Pflänzchen der Kreativität in unseren Kindern erstickt. Wir müssen uns vergegenwärtigen, lernen, erneut lernen, dass Gut und Böse keine absoluten Werte darstellen. Vielmehr handelt es sich dabei um angelernte Vorstellungen, während doch der Wert eines Glaubenssatzes, eines Gedankens oder einer Handlung je nach Person, Zeit und Ort, worauf sich diese Dinge beziehen, ganz unterschiedlich ist. Gut und Böse sind also relative Begriffe, und wir können nicht endgültig sagen, was gut oder schlecht für unsere Kinder ist. Ich rede hier von unserem Beharren darauf, unseren Kindern vorzuschreiben, welchen Beruf sie ausüben, welchem Hobby sie nachgehen, wen sie heiraten sollen. Bei fast allen wichtigen Entscheidungen im Leben unserer Kinder ist es besser, ihnen bedingungslose Liebe und Unterstützung zuteil werden und sie selbst entscheiden zu lassen. Wenn wir unseren Kindern derart den Rücken stärken, lassen wir ihnen wichtige Botschaften zukommen.

Die wichtigste Botschaft ist dabei das Gefühl, dass wir ihnen vertrauen und sie für fähig halten, eine eigene Wahl zu treffen, selbst zu denken. Damit geben wir unseren Kindern die Möglichkeit, den eigenen Grips anzustrengen, eine eigene Entscheidung zu fällen. Wenn wir ein Kind liebevoll fragen, warum es so und nicht anders handeln möchte, leihen wir ihm unser Ohr, geben wir ihm das wichtige Gefühl, dass es der Mühe und Aufmerksamkeit wert ist, die wir ihm schenken. So unterstreichen wir beispielsweise die Bedeutung des gemeinsamen Gesprächs und der Zusammenarbeit oder was es bedeutet, andere zu unterstützen oder eine weise Entscheidung zu treffen. Letztlich lernt ein Kind am Beispiel anderer. Es lernt, schweigend dem zu lauschen, was wir zu sagen haben, aber das zu tun, was wir ihm vorleben.

Das Problem mit unseren besten Absichten besteht darin, dass es eben nur Absichten sind. Diese in Handlung umzusetzen, erfordert ein außerordentliches Maß an Liebe, Geduld, Beharrlichkeit und Mut. Wir müssen hinfallen, daraus lernen und uns wieder aufrappeln. Als Eltern sollten wir vor allem bescheiden genug sein und zugeben, dass wir keine Ahnung haben, dass wir uns irren könnten. Eltern sind eine Quelle der Autorität. Wenn sie ihre Autorität unter Beweis stellen wollen, müssen sie sorgfältig darauf achten, dass sie für das Kind nicht zur Quelle des Schreckens, der panischen Angst werden. Ohne Furchtlosigkeit ist Liebe lediglich ein hohles Ideal und ohne Liebe gibt es kein Lernen. Deshalb müssen wir dafür sorgen, dass Kinder auf Autorität mit Respekt reagieren, nicht mit Angst. Wir müssen ihre Furchtlosigkeit anerkennen und loben. Ihre Furchtlosigkeit muss von uns als Ausdruck der Liebe und des Vertrauens in uns, ihre Eltern, aufgefasst werden. Bedingungslose Liebe gelingt, wenn die Furcht völlig fehlt. Endloses Lernen wird möglich, wenn bedingungslose Liebe da ist. Ja, für ein Kind ist alles möglich, wenn es bedingungslos geliebt worden ist. Auch in diesem Zusammenhang lässt sich bedingungslose Liebe nicht aus einem Reservoir der Angst und Autorität gewinnen. Sie kann nur aus einem Reservoir bedingungsloser Liebe in unserem eigenen Herzen kommen.

Als Eltern stehen wir vor einem zweifachen Dilemma. Zum einen neigen wir dazu, alles aus einem Blickwinkel zu betrachten, bei dem wir Autorität über unsere Kinder haben. Wir täten gut daran, nicht zu vergessen, dass wir nicht von Geburt an über eine göttliche und absolute Autorität verfügen, sondern lediglich eine Rolle spielen, bei der wir eine gewisse Autorität haben. Denn der entscheidende Punkt ist, dass Autorität niemals von Verantwortung getrennt werden kann. Mag die Autorität auch noch so groß sein, es ruht dasselbe Maß an Verantwortlichkeit auf unseren Schultern. Doch worin besteht diese?

In erster Linie sind wir für das körperliche Wohlergehen eines Kindes verantwortlich. Damit es überleben kann, müssen wir für ausreichend Essen,

Trinken und Schlaf sorgen. Wir müssen es lieben, ihm unsere Zuneigung schenken, wenn es diese Dinge am meisten braucht, also wenn es am meisten von uns abhängig ist. Wir müssen dafür sorgen, dass es etwas lernen kann, dass es lesen und schreiben lernt, dass es denken lernt, zur Schule gehen kann. Wir müssen dafür sorgen, dass es ein paar Grundprinzipien des Lebens kennen lernt, etwa Respekt für andere und sich selbst gegenüber. Bis zu einem gewissen Grad dürfen wir auch seine Fortschritte in der Wachstumsphase überwachen. Doch damit endet unsere Verantwortung mehr oder weniger.

Es geht uns absolut nichts an, ob es einen Bettler oder einen Prinzen heiraten möchte, ob es gutes Geld verdienen oder mit dem Allernötigsten auskommen möchte. Unsere Autorität geht nicht soweit, dass wir für das Kind denken dürfen. Wir sind dafür verantwortlich, es mit Denkwerkzeugen auszustatten, damit es seine eigenen Entscheidungen treffen kann. Es ist nicht unsere Aufgabe, ihm zu sagen, was Größe, ein lebenswertes Leben, was gut oder böse ist. Bringen wir ihm beispielsweise bei, dass Kopfarbeit besser ist als mit den Händen zu schuften, dass es gut ist, Geld zu verdienen, aber schlecht, in Armut zu leben, dann füllen wir sein Denken mit Stolz, Vorurteilen, Egoismen, Dünkel und Torheit. Wir füllen sein junges und aufnahmebereites Denken mit dem Müll unserer eigenen Torheiten.

Wir dürfen unsere Kinder nicht mit starren Vorstellungen ersticken, wir dürfen sie nicht in die Zwangsjacke von Gut und Böse stecken. Wir sollten sie lieber bedingungslos lieben, sie unterstützen und ihnen grobe Richtlinien mit auf den Weg geben und sie dann loslassen. Wir sollten besser in uns selbst tiefer graben, um die Liebe und den Mut zu finden, unsere Ängste und Sorgen zu überwinden. Wir sollten ihrem Urteilsvermögen und ihrer Intelligenz aufgeschlossen gegenüberstehen. Wir sollten anerkennen, dass das Leben auf Millionen verschiedene Arten gelebt werden kann, jeder nach seinem Gusto. Wir sollten den natürlichen Brunnen der Kreativität sprudeln lassen. Das verlangt von uns eigentlich sehr wenig Mühe. Wir dürfen der Kreativität nur nicht den Weg versperren.

Das könnte außergewöhnlichen Mut und sehr viel Weisheit erfordern und uns aus unseren eigenen Käfigen befreien. Wenn wir unseren Kindern wirklich beim Erwachsenwerden behilflich sind, helfen wir uns selbst bei dieser Aufgabe. Im Rahmen dieses magischen Settings der gemeinsamen Liebe, des gemeinsamen Lernens lässt sich unter Umständen das unbeschreibliche Freiheitsgefühl unendlicher Liebe am eigenen Leib erfahren. Die schwierige Aufgabe der Kindererziehung kann nur durch eine Transformation bewältigt werden, deren Grundlage die Macht der Liebe ist.

ESSAY 16

Über das Netz des Überlebens hinausgehen

Wir kommen mit einem angeborenen Instinkt auf die Welt, das eigene Leben zu retten. Dieser Instinkt ist etwas Universelles und begleitet uns von der Wiege bis zur Bahre. Mit all unseren Fähigkeiten und Stärken trachten wir danach, das eigene Überleben zu sichern. In physischer Hinsicht ist das ein lebensverlängernder Automatismus. In seelischer Hinsicht kann das ein großes Hindernis in Richtung Freiheit sein.
Ich bin arm, und diese Armut tut mir weh und hinterlässt Narben. Die Narben haben sich tief eingegraben und bleiben, auch wenn ich reich geworden bin. Die Überlebensinstinkte dieses armen Menschen, der um seine Existenz ringt, sind nach wie vor aktiv, reagieren nach wie vor auf die verwurzelte Angst vor Armut. Äußerlich habe ich die Armut überwunden, doch im Kopf habe ich die Schlacht verloren: die Armut hat sich als Angst eingenistet. Haben wir die Möglichkeit, völlig frei zu sein von der Tyrannei des Denkens? Können wir aus dem Gefängnis der Vergangenheit ausbrechen? Können wir die Vorstellungen zunichte machen, die uns fesseln? Sind wir in der Lage, mit der Flamme totaler Aufmerksamkeit und Bewusstheit die Konditionierung, die uns gefangen hält, auszumachen und uns von ihr lösen?

Wenn ich den Schmerz der Armut wirklich gespürt hätte, wären meine Überlebensinstinkte dadurch geschärft worden und es wäre zu einer tiefen Wertschätzung des Geldes und der angenehmen Dinge gekommen, die sich für Geld kaufen lassen. Wahrscheinlich hätte ich einen Weg eingeschlagen, auf dem ich mich im Sparen geübt hätte, einem genügsamen Leben und anderen Strategien nachgegangen wäre, um mir finanzielle Sicherheit und Stärke zu geben. Das ist etwas Erstrebenswertes und die Lebensqualität Steigerndes.

Doch habe ich im Zuge meines leidenschaftlichen Überlebenskampfes, der mich völlig mit Beschlag belegt hat, nicht vergessen zu leben? Bin ich seelisch ein Opfer meiner Armutserfahrung geworden? Sind meine Reaktionen mechanisch geworden, zu automatischen Mustern mutiert, durch meine Erfahrungen konditioniert worden? Ist es mir gelungen, die Mentalität der Armut, der Unsicherheit, der ständigen Bedrohung und Katastrophe zu überwinden? Lebe ich ständig am Rande des Abgrunds? Bin ich immer noch so ängstlich und unsicher wie zu Zeiten meiner Armut? Wenn ja, warum?

Es ändert sich doch so vieles in unserem Leben, warum ist es so schwierig, unsere Denkmuster und Mentalität, unsere Einstellungen und den Blickwinkel zu verändern, durch den wir die Welt wahrnehmen? Warum gestaltet sich diese fundamentale und weitreichende Transformation in Richtung spontanes Bewusstsein und Leben im Hier und Jetzt so schwierig? Weshalb werden wir von der Unsicherheit der Armut einerseits und der Arroganz des Reichtums auf der anderen konditioniert? Welche Lösungen bieten sich an?

Das Problem und dessen Lösung hängen eng zusammen. Es ist die Mentalität der Armut, die Armut in gewisser Weise anzieht. Im fieberhaften Überlebenskampf verlieren wir die Notwendigkeit aus den Augen, einfach zu leben. Das fieberhafte Streben nach Geld führt dazu, dass wir das Lachen verlernen. Das fieberhafte Streben vorwärts zu kommen führt dazu, dass wir die Liebe aus den Augen verlieren. Letztendlich ist Geld nichts weiter als ein Stück Papier oder Metall. Der Wahn, viel Geld zu besitzen ist lediglich ein Hinweis auf die Angst und Unsicherheit, die unseren Geist gefangen hält. Geld ist weder für das eine noch für das andere ein Heilmittel.

Liebe und Lachen, Anerkennung und Zufriedenheit können für Frieden, Glück und Erfüllung sorgen, was wiederum die Narben tief verwurzelter Ängste und Unsicherheiten, die durch Widrigkeiten und die Tyrannei verborgener Meister geschlagenen offenen Wunden zu heilen vermag. Das gilt auch für die Angst vor sozialen Kontakten, vor Intimität und für die Angst, unsere Meinungen und Talente zum Ausdruck zu bringen. Angeborene Hemmungen und Schwächen und der Einfluss einer negativ eingestellten Umwelt – all das kann uns davon abhalten, so zu sein, wie wir wirklich sind. Liebe und Lachen, Anerkennung und Zufriedenheit sind die einzige Lösung, die es gibt.

Kurzum, es stellt sich die Frage: Sind wir in der Lage, unsere Überlebensinstinkte hinter uns zu lassen, um unsere Talente zur Geltung zu bringen, um in der völligen Freiheit der Bewusstheit des Augenblicks zu leben, um unseren Geist zu reinigen von den Mustern der Vergangenheit, um die Realität im Hier und Jetzt so zu sehen, wie sie wirklich ist? Oder entpuppen sich meine Überlebensinstinkte als Blockade für meine Weiterentwicklung und mein Wachstum, als Hindernis für ein erweitertes Bewusstsein, als Mühlrad um meinen Hals? Ist all das unnötiger Ballast, den ich mit mir herumschleppe? Bin ich imstande, meine Verbindung mit der Vergangenheit komplett zu kappen, die tief verwurzelten Muster umzuwandeln und ein neues Leben zu beginnen? Kann das Leben zum Abenteuer werden, zum Geheimnis, das es zu erforschen gilt, anstatt ein endloser Kampf ums Überleben zu sein?

Unsere Überlebensinstinkte dienen einem ganz bestimmten Zweck – uns das Überleben zu garantieren –, nicht mehr und nicht weniger. Alles, was darüber hinaus geht, wird zum Hindernis, zum nutzlosen Denkmuster, zur Last der Vergangenheit. Und doch sind das mächtige Faktoren. Lange Zeit haben sie unsere Denkmuster bestimmt, sie sitzen fest im Sattel. Sie lassen sich nicht so einfach beiseite drängen oder durch einen Willensakt vernichten. Diese tief verwurzelten Instinkte, unsere heißgeliebten Freunde, die unser Überleben gewährleistet haben, müssen in Ruhe betrachtet und verstanden werden. Wir müssen sie entspannt anschauen, ohne unser Dazutun, ohne Bewertung, ohne Reaktion, ohne Etikettierung, ohne Bedauern, ohne Reue, ohne Verleugnung und ohne Engagement.

Während wir also Zeuge dieses dynamischen Zusammenspiels der Kräfte unseres Denkens sind, betrachten wir, was vor sich geht, die Gefühle, die zarten, spontan auftauchenden körperlichen und seelischen Signale, die durch unsere Konditionierung entstandenen Beschränkungen. Und wenn wir diesen Dingen unsere ganze Aufmerksamkeit schenken, treten ihr Wesen und ihre Absurdität in einer völlig veränderten Umgebung klar zutage. Das Feuer der Bewusstheit und Aufmerksamkeit verbrennt die Fesseln unserer Konditionierung. Die überholten Denkmuster sind deutlich erkennbar. Indem wir diese Muster einfach wahrnehmen und begreifen, heilt und transformiert uns unser eigenes Bewusstsein. Wenn wir in diesem Bewusstsein verharren, erleben wir jenseits des bloßen Überlebens Glück und Zufriedenheit.

ESSAY 17

Wiederholung

Die Wiederholung ist eine Tatsache des Lebens, und zwar sowohl in der Natur als auch was menschliche Angelegenheiten anbelangt. Jeden Tag geht die Sonne auf und wieder unter. Jeden Tag zwitschern die Vögel, jeden Tag bellen die Hunde. Wir essen und schlafen jeden Tag. Leben heißt, sich zu wiederholen – essen, schlafen, verdauen, atmen. Und auch unser Herzschlag wiederholt sich ständig.

Während des gesamten Lebens manifestieren sich millionenfache Wiederholungen, im Großen wie im Kleinen. Die Wiederholung selbst ist ein wiederkehrendes Thema in der Geschichte. Die Bewegung der Erde um die Sonne, Sonnenaufgang, Sonnenuntergang, die Jahreszeiten, die Gezeiten, Geburt, Heranwachsen und Tod der diversen Arten – alles das wiederholt sich endlos.

Mit welchem Bewusstsein wir an die gleichen Dinge herangehen, macht den Unterschied aus. Man steigt nie zweimal in denselben Fluss, weil wir nicht mehr dieselben sind. Von Augenblick zu Augenblick verändert sich unser Körper, verändern sich unsere Gedanken und Ideen – diese dynamische Bewegung wird gemessen vor dem Hintergrund der Unveränderlichkeit, einer statischen Bewusstheitsschicht in uns.

Das anschaulichste Beispiel für Wiederholung ist unsere Atmung. Ein und aus, ein und aus, ein und aus, das ganze Leben lang. Von der Wiege bis zur Bahre wiederholt sich unablässig der Rhythmus des Atems.

Der Atemvorgang ist im Zuge eines sich endlos wiederholenden Musters in ständiger Bewegung. Diese Wiederholung ist unser Lebensfunke, ein Funke, der dieses Materiebündel Mensch beseelt und am Leben erhält. Sind wir uns zu irgendeinem Zeitpunkt des Lebens unseres Atems überhaupt bewusst? Die endlose Wiederholung ist da, aber ist auch das Bewusstsein dazu da? Sind wir uns unseres Atems bewusst? Jeder Atemzug ist eine immer wiederkehrende Erinnerung daran, uns des Spiels der Dualität, des Zusammenspiels der Gegensätze, des Auf und Ab des Lebens bewusst zu werden.

Uns der Wiederholung, der Unausweichlichkeit, dem Muster der Wiederholung, dem Vorgang, dem Auf und Ab bewusst zu werden, ständig zu schauen und zu beobachten, ständig wach zu sein inmitten scheinbar sinnloser Wiederholungen, heißt, uns unserer selbst bewusst zu werden. Jeder Atemzug ist ein Bote, jeder Teil der Natur, die Jahreszeiten, die Zyklen von Tod und Geburt, von Sonnenaufgang und Sonnenuntergang, jeder neue Morgen soll uns daran erinnern, immer wieder daran erinnern, dass der Körper seine Grenzen hat, dass der Tod unausweichlich ist, dass alles Leben auf der Erde in Beziehung zueinander steht, dass es eine unendliche Intelligenz gibt, die sich vermittels grenzenloser Energie manifestiert.

Jede Welle im Meer erhebt sich und fällt in die Bedeutungslosigkeit zurück. Das ist ein Hinweis auf die zwangsläufige Polarität des Auf und Ab, ein wiederkehrendes Thema der Geschichte und eine wiederkehrende Erinnerung an den Menschen. Jede Welle trifft wiederholt auf eine andere, gibt quasi ihre Energie weiter, ist eine wiederholte Erinnerung daran, dass die Menschheit, das gesamte Leben, die gesamte Schöpfung eine Einheit bildet. Ja, die Zahl der Wellen geht in die Millionen, aber das Meer ist eine Einheit. Jeder Todesfall, von dem wir hören, jeder Todesfall, den wir miterleben, ist eine wiederholte Erinnerung daran, dass wir tagtäglich alle demselben Ziel zustreben. Wir kommen ihm näher und näher, wir alle nähern uns dem Tod, wir gehen auf ihn zu und er rückt uns unaufhaltsam immer näher. Jedes Sandkörnchen kann uns an den Tod erinnern, an die Vergänglichkeit unseres Körpers, an die Unbeständigkeit unserer Reise hienieden und an den sich endlos wiederholenden Zyklus aus Leben und Tod, der sich unerbittlich seit Jahrhunderten so abspielt und absolut keine Ausnahmen macht. Jeder Todesfall ist eine wiederkehrende Erinnerung daran, dass alle Wesen, ob groß, ob klein, letztlich gleich sind. Und jeder Todesfall ist eine wiederkehrende Erinnerung daran, dass es nichts nützt, Dinge zusammenzuraffen, und dass wir den Tatsachen des Lebens nicht entkommen können.

Jeden anderen Menschen halten wir für sterblich, doch jeder von uns lebt im angeborenen Gefühl der eigenen Unsterblichkeit. Dieses Gefühl, unvergänglich zu sein, rührt daher, dass wir im innersten Kern jene reine Bewusstheit darstellen, die alles Leben, alles Sterben umfasst und deshalb unsterblich ist. Sie ist wie eine Kinoleinwand, die als stiller Zeuge zurückbleibt, auch wenn der Film längst vorbei ist. Sie ist das Substrat aller jemals dort gezeigten Filme, das unveränderliche Substrat unaufhörlichen

Wandels. Jede Geburt ist eine wiederkehrende Erinnerung daran, die Zeit nicht mit Trauer zu verschwenden, da das Leben in alle Ewigkeit neu geschaffen wird und wir unserem Wesen nach die ewige Bewusstheit darstellen, die alles Leben beseelt. So wie ein Krug zerbricht, der leere Raum darin aber unverändert bleibt, so stirbt der Körper und ändert seine Form, wird zur Materie, die mit Mutter Erde verschmilzt. Jede Geburt ist eine wiederkehrende Erinnerung an eine unausweichliche Trennung – in diesem Fall von der irdischen Mutter. Und jeder Todesfall ist eine wiederkehrende Erinnerung an eine zwangsläufige Vereinigung – diesmal mit der Mutter Erde.

In dem Sinne, in dem die Erde über Jahrhunderte hinweg die auf ihr inszenierten menschlichen Dramen überdauert hat, überdauert unser Bewusstsein alle unablässig stattfindenden Veränderungen unseres Körpers, unserer Seele und unseres Geistes. Und jeder Schritt, den wir tun, ist eine wiederkehrende Erinnerung daran, dass wir als reines Bewusstsein, also jene Energie und Intelligenz, die die gesamte Schöpfung beseelt, im Prinzip unzerstörbar sind. So wie die Sonne aufgrund ihrer Präsenz alles Leben auf der Erde erst ermöglicht, so beseelt und steuert das Bewusstsein durch sein Vorhandensein die unendliche Energie und Intelligenz aller Kreaturen und der Schöpfung. Eine einzige Sonne vermittelt die Illusion von Tag und Nacht. Somit ist die Sonne eine wiederkehrende Erinnerung an ein einziges Bewusstsein, das sich als Vergnügen und Schmerz, Wissen und Unwissenheit, Gut und Böse, Augenblickliches und Ewiges manifestiert. Die Sonne selbst lässt sich nur anhand unseres Bewusstseins wahrnehmen. Die Strahlen der Sonne sind eine wiederkehrende Erinnerung an dieses unendliche Bewusstsein, das uns sowohl Licht als auch Dunkel wahrnehmen lässt.

Die Natur ist somit voller Dinge, die uns an etwas erinnern, uns immer wieder daran erinnern, dass wir mit unseren sinnlosen Ambitionen, unserem törichten Selbstbild, unserem seltsamen Irrglauben und unserer übermächtigen Ignoranz aufräumen sollten. Jedes Tier, der Artenreichtum bei Flora und Fauna, jeder Stern am Himmel, die schier unglaubliche Vielfalt der Schöpfung – all das sind wiederkehrende Erinnerungen an die Bandbreite der Schöpfung und an die Bedeutungslosigkeit unseres aufgeblasenen Selbstbilds. Häufig ist die Pracht der Natur eine wiederkehrende Erinnerung an die tödliche Absurdität unserer Betonwüsten. Das in der Natur vorherrschende Gleichgewicht ist eine wiederkehrende Erinnerung an die Unausgewogenheit in uns selbst. Die Sparsamkeit der Natur ist eine wiederkehrende Erinnerung an unsere Verschwendungssucht. Der Rhythmus der Natur ist eine wiederkehrende Warnung vor der unberechenbaren menschlichen Launenhaftigkeit, und die Einheit der Natur ist eine wiederkehrende Warnung vor menschlicher Sektiererei und Gespaltenheit. Die natürlichen Zusammenhänge stellen immer wieder die Torheit unseres ausschließenden und fragmentierten Denkens bloß. Jeder Schmerz ist eine wiederkehrende Erinnerung an die Vergänglichkeit und Zerbrechlichkeit menschlichen Glücks. Jeder Misserfolg ist eine wiederkehrende Erinnerung an die Vergänglichkeit und Beschränktheit des Erfolgs.

Das anschaulichste Beispiel für Wiederholung ist der menschliche Herzschlag. Von der Wiege bis zur Bahre erleben wir eine endlose Folge von Herzschlägen, und dieser sich wiederholende Rhythmus ist die Quelle unseres Lebens. Sind wir uns des sich endlos wiederholenden Rhythmus unseres Herzschlags bewusst? Der Rhythmus der Wiederholung ist ohne Zweifel die Bewegung des Lebens schlechthin.

ESSAY 18

Sich der Ungewissheit stellen

Wenn ein Kind zur Welt kommt, hat es eine Garantie, achtzig Jahre alt zu werden? Natürlich wird es mit Liebe, Vertrauen und Hoffung großgezogen, es sei denn, es gehört zu den unglücklichen Wesen, die im Stich gelassen werden oder gleich in einer Mülltonne landen. Doch auch darunter könnten welche sein, die ein hohes Alter erreichen und auf ihrem Weg zu einem sinnvollen Leben finden. Wenn wir morgens aufstehen, wissen wir dann im voraus, was der Tag bringen wird? Wenn wir heiraten, haben wir irgendeine Sicherheit, wie die Ehe verlaufen wird? Wenn eine Frau schwanger wird, können wir mit Sicherheit sagen, welches Geschlecht das Kind haben, ob es körperlich und geistig gesund zur Welt kommen wird? Woher wollen wir wissen, was die Zukunft für das Kind bereithält, welche glücklichen oder unglücklichen Ereignisse ihm im Leben bevorstehen? Lässt sich vorhersagen, wie viele Äpfel aus einem Kern hervorgehen werden? Soviel steht fest: Wir kennen die Zukunft nicht. Alles andere ist Phantasterei. Man kann Berechnungen anstellen, Voraussagen treffen, Analysen durchführen und so weiter und so fort. Doch niemand kann mit absoluter Sicherheit sagen, wie die Zukunft aussehen wird.

Können wir mit der Ungewissheit und dem damit verbundenen Risiko leben? Nicht nur verbal, sondern als Tatsache? Können wir der Ungewissheit ins Auge blicken und trotzdem glücklich sein? Wenn es um die Ungewissheit geht, schwankt der Geist hin und her. Das Vakuum der Ungewissheit aktiviert die natürliche Ruhelosigkeit des Geistes, seine

Kraft zur Substitution und Projektion. In Erwartung des Unbekannten projiziert der Geist seine Erinnerungen und Phantasien, seine Hoffnungen und Ängste, seine Vorstellungen und Bilder in die Zukunft. Beim Umgang mit der Ungewissheit schafft sich der Geist seine eigenen Illusionen, an die er dann glaubt, auf die er dann reagiert. Zumeist ist seine Projektion, seine vorherrschende Reaktionsweise die Angst, Angst vor der Ungewissheit und dem Unbekannten. Der Geist klammert sich an Vorstellungen, auch wenn sie noch so lächerlich sein mögen, um sich selbst Gewissheit vorzugaukeln.

Wenn es Gewissheit gäbe, wenn sich das Unbekannte erschließen ließe, gäbe es dann noch etwas in unserem Leben, das eine Herausforderung darstellen, uns Aufregung bescheren, Anlass zum Lernen, zur Weiterentwicklung geben würde? Wir würden den Ablauf der Dinge lediglich so korrigieren, damit er uns in den Kram passt, und nach Lust und Laune uns das aussuchen, was uns gefällt, und verweigern, was uns missfällt. Das Leben wäre fade, eintönig, bestünde nur noch aus Routine und würde zu einer extrem langweiligen Last. Wir wären Gefangene innerhalb der Grenzen des uns Bekannten, wie ein Tier, das in seinem Käfig mechanisch und ruhelos auf und ab und hin und her schleicht. Nur wenn wir unsere eigene Bewusstheit entdecken, nur wenn wir uns ständig das Unbekannte erschließen, wird unser Leben außergewöhnlich bedeutsam, sinnvoll und aufregend. Wie ein kleines Kind die ganze Welt mit staunenden Augen betrachtet, so erleben auch wir jeden Augenblick, jedes Ereignis und jeden neuen Kontakt als etwas völlig Neues, während wir unsere eigene Bewusstheit auf dynamische Art erforschen. Wir lassen das äußere Drum und Dran und die Begrenzungen des Denkens, der Vorstellungen und Konditionierungen, der Muster und mechanischen Reaktionen hinter uns.

Zu den wichtigsten Schritten bei der Entdeckung unserer eigenen Bewusstheit gehört die Notwendigkeit, mit der Ungewissheit umgehen zu lernen. Die Realität der Ungewissheit ist das Tor zum zeitlos Unbekannten. Wenn der Geist lernt, in Ruhe zu verharren, sich ganz auf den Augenblick zu konzentrieren, wird er durch diesen Akt innerer Versenkung außergewöhnlicher Freude und zeitloser Bewusstheit teilhaftig.

Denn selbst die Zeit ist eine Bewegung des Geistes auf der Grundlage der Vergangenheit, also der Erinnerung, hin zur bewussten Wahrnehmung eines physikalischen Eindrucks, den wir Realität nennen – die Gegenwart, das Hier und Jetzt, das sich als unsere Phantasie vorwärts bewegt, die wir die Zukunft nennen. Wenn sich die Konzentration des Geistes auf das Hier und Jetzt vertieft, lässt er die Zeit und das Denken, Worte und Konzepte, Muster, Erinnerungen und Phantasien, Ängste und Hoffnungen hinter sich. Er hört auf, sich an die Vergangenheit zu erinnern oder Spekulationen über die Zukunft anzustellen. Er kennt kein Urteil, keine Etikettierung, kein Denken, keine Vorstellung von Gut und Böse mehr. Wenn der Geist in die reine Wahrnehmung hineingetaucht worden ist, betreten wir das zeitlose Land des Realen und Wahren.

ESSAY 19

Warum es wichtig ist loszulassen

Auf unserer Reise durchs Leben wird uns mit zunehmender Erfahrung irgendwann klar, dass unsere Vorstellungen und Meinungen ihre Grenzen haben. Nicht nur unsere Vorstellungen von anderen Menschen und Orten, sondern auch, was unsere Ansichten über Wahrheit, Güte und Tugend anbelangt. All unsere Glaubenssysteme, althergebrachten Werte und Ideale, so klar umrissen sie auch sein mögen, so treu wir uns auch an sie halten mögen, sind lediglich ein Boot zur Überquerung des Flusses. Es wäre extrem töricht, nach dem Übersetzen das Boot weiter mit sich herum zu tragen.

Unsere Werte und Glaubenssysteme, so erhaben sie auch sind, stellen nur Wegweiser dar auf der Reise durch unser Leben. Sie unterscheiden sich von einer dynamischen, lebendigen Wahrheit wie die Definition von Wasser vom Wasser selbst. Erstere ist nur ein Stück Papier, letzteres kann unseren Durst löschen, Leben retten, uns erquicken. Der Mensch als denkendes Wesen läuft Gefahr, vom Schwung seines Denkens fortgerissen zu werden. Je schöner die Muster unseres Denkens werden, in die wir uns begeben, je besser die Karten werden, die wir uns machen, desto größer die Gefahr, dass wir die Karte mit dem Territorium verwechseln. Es kann passieren, dass wir uns an unsere erhabenen und schönen Ansichten klammern, dass wir von goldenen Ketten umfangen und versklavt werden.

Wir sind Ausdruck der unendlichen Intelligenz und Energie, die die Grundlage der gesamten Schöpfung bildet. Wir sind so wichtig oder unwichtig wie ein Blatt, das im Wind umhertreibt. All unsere Ideen und prächtigen Gedankengebäude sind wie auf Wasser geschriebene Briefe. Der Grund: Die Bewegung des Lebens ist dynamisch, ein endloser Strom, ein Tanz ständig sich verändernder Muster unendlicher Intelligenz und grenzenloser Energie. Wenn wir unsere Identität anhand dieser Quelle der gesamten Schöpfung verwirklichen, können wir die Beschränkungen des Denkens und der Zeit hinter uns lassen.

Unser gesamtes Wissen, unsere bewährten Theorien und Lieblingsansichten können im Handumdrehen durch gewaltige, unsichtbare Kräfte über den Haufen geworfen werden, die von einer unendlichen Intelligenz gelenkt werden. Die verheerende Vernichtungskraft von Naturkatastrophen, die unvorstellbare Grausamkeit, mit der der Mensch seinesgleichen begegnet, der Ursprung des Lebens und der Totentanz: all das steht für das Wirken einer unendlichen, für uns unbegreifbaren Intelligenz.

Unsere Identität, das Selbstbild, auf dem unser gesamtes Leben fußt, ist selbst ein Mythos, entstanden aus den Beschränkungen unseres Körpers, unserer Seele, unseres Geistes. Denn unser Körper ist nichts weiter als ein Materiebündel, das eines Tages dran glauben muss. Trotzdem identifizieren wir uns ausschließlich mit unserem Körper, und unsere Wahrnehmung der gesamten Welt dreht sich um dieses Trugbild einer dauerhaften und unveränderlichen Identität. Unser

Bewusstsein ist eine unendliche und unwandelbare Konstante. Doch die ausschließliche Identifikation mit einem Materiebündel ist ein schwerer Fehler.

Ganz offensichtlich gibt es etwas Dauerhaftes, Unwandelbares in uns, nämlich das Bewusstsein, das es uns ermöglicht, Wandel zu beobachten. Dieses Bewusstsein ist auf immer und ewig ungebunden und frei, auf immer und ewig neu und nicht befrachtet mit Ansichten. Dennoch entwikkeln wir Denkmuster, Gefühls- und Handlungsstrukturen, die sich wiederholen. Die Anhäufung des uns Bekannten ist ein Hindernis, uns der Magie des Unbekannten zu öffnen. Wir müssen ständig leer werden, um Neues aufnehmen zu können.

Das ständige Leerwerden von uns selbst, von unseren Ansichten über Gut und Böse, von Oben und Unten, vom Erwünschten und Unerwünschten ist die einzige Möglichkeit, wie wir der lebendigen Wahrheit, der Liebe, des Friedens, der Zufriedenheit und Freude teilhaftig werden können. Lernen heißt, sich weiter zu entwickeln, etwas verlernen heißt, unsere eigene Weiterentwicklung zu fördern. Lernen heißt, Wissen zu erwerben, etwas verlernen heißt, Weisheit zu erlangen. Wir brauchen Wissen, um zu überleben, und wir brauchen Weisheit, um zu leben. Loslassen bedeutet einen Vertrauenssprung über den Abgrund der Angst zu wagen. Unsere Liebe, unser Vertrauen auf unsere innere Weisheit, unser Streben nach Vervollständigung, Vervollkommnung und dauerhaftem Glück können uns die Kraft für diesen Vertrauenssprung schenken. Er ist ein Triumph der Liebe über die Angst. Wenn wir die Schranken der Trennung überwinden, aus dem Gefängnis unserer Angst ausbrechen, holen wir uns die Liebe, um die Gesamtheit der Existenz als Allverbundenheit anzunehmen.

Wir tun gut daran, nicht zu vergessen, wie wichtig es ist loszulassen, wenn wir uns Wissen aneignen, unsere geistigen Fähigkeiten und die Fähigkeit zu handeln entwickeln, wenn wir in der Welt an Kraft gewinnen, wenn wir träumen und unsere Träume verwirklichen, wenn wir uns Ziele setzen und sie erreichen, wenn wir unsere Werte und Ideale umsetzen. Auch Ketten aus Gold sind immer noch Ketten. Eine erhabene Ansicht bleibt eine Ansicht. Ein mit Bekanntem angefülltes Wissen, und sei es noch so bedeutend, könnte die Unendlichkeit des Unbekannten ausblenden. Auf unserer Suche nach grenzenloser Wahrheit, dauerhaftem Frieden, Glück und Zufriedenheit tun wir gut daran, uns ständig leer zu machen, um Neues aufnehmen zu können.

ESSAY 20

Wer vermag uns aus selbstauferlegter Versklavung zu befreien?

Gegen Versklavung von außen kann man sich körperlich, ideologisch, politisch oder militärisch zur Wehr setzen. Doch wie soll man sich von einer Versklavung befreien, die man sich selbst auferlegt hat? Wie kann man sich von der Versklavung durch die eigenen Leidenschaften, Verlangen, Vorstellungen und Konflikte befreien? Wie kann man sich aus den Fesseln der Angst, Einsamkeit und Verzweiflung befreien? Wie können wir uns von Habgier, Hass und Bitterkeit befreien, wie von Zweifel, Selbstsucht und Unsicherheit? Wie können wir uns aus den Fesseln früherer Konditionierung befreien? Wie vom unablässigen Mahlen unserer Gedankenmühle?

Wer soll uns befreien, wenn nicht wir uns selbst? Wer, wenn nicht unser tiefstes Selbst, dieses spontane Zentrum der Glückseligkeit und Bewusstheit tief in uns kann uns von der Versklavung durch unser eigenes Denken befreien? Unser Denken ist ein Konglomerat aus Eindrücken, angelernten und erinnerten Erfahrungen und angehäuftem Wissen, das zwangsläufig endlich und statisch ist. Diese Dinge verzerren unsere Wahrnehmung und unser Verständnis der unendlichen Bandbreite und dynamischen Bewegung des Lebens, das sich von Augenblick zu Augenblick entfaltet. Da unsere Gedanken und Handlungen oft gewohnheitsmäßig ablaufen, gelingt es ihnen, uns an Kräfte der Vergangenheit zu binden, die dort auch entstanden sind. Durch die Wiederholung von bestimmten Denkmustern und Handlungen leben und handeln wir im Rahmen vorhersagbarer Muster. Gewohnheit kann sich als nützliche Kraft erweisen, wenn sie uns gut tut und unser tägliches Leben bereichert. Aber dennoch: Können Kreativität und Tugend, Freude und Bewusstheit eine Folge gewohnheitsmäßig ablaufender Gedanken und Handlungen sein?

Lässt sich der mechanische Ablauf einer Handlungsreihe als vorteilhaft bezeichnen? Kann ein mechanisches Lächeln Fröhlichkeit andeuten? Können uns ausgetretene Pfade des Denkens und Handelns, die sich stupide wiederholen, bei der Verbesserung unseres Bewusstseins, unseres Erkenntnisprozesses von Nutzen sein? Ist es nicht dieser Konditionierungsvorgang, der uns versklavt? Ist nicht der Hang des Denkens, Dinge zu speichern und auf diese früheren Eindrücke zurückzugreifen, die Grundlage der Konditionierung? Bildet nicht die Konditionierung durch unsere Umwelt und Erfahrung eine enge Zelle des Denkens, in der wir gefangen sind? Ist nicht diese enge Zelle der Nährboden für Angst, Unsicherheit, Unzufriedenheit, Sorge, Hass und Konflikt? Wenn wir die engen Grenzen konditionierter Erfahrung endlich hinter uns lassen wollen, müssen wir die Spinnweben unserer Ansichten beiseite wischen, langgehegte Überzeugungen in Frage stellen und das Tor aufstoßen zu einer unmittelbaren Wahrnehmung, die nicht durch Erinnerungen und Einbildung getrübt ist.

Unser Handlungsspielraum wird durch die Begrenztheit von Körper,

Seele und Geist eingeschränkt. Bei unserer Suche nach grenzenlosem Frieden, grenzenloser Freude und Erfüllung wird jeder von uns über diese Beschränkungen hinausgehen müssen in den Kern der eigenen Bewusstheit, der Welt und des eigenen Selbst. Unsere Empfindungen, Gefühle und Gedanken können unsere Verbündeten sein, wenn wir unsere Ansichten in Frage stellen, unsere Wahrnehmungen überprüfen und untermauern, wenn wir leichter Einsicht und Verständnis gewinnen wollen. Dennoch werden wir über Empfindungen, Gefühle und Gedanken hinausgehen müssen, in unser tiefstes Selbst hinein, um zur Freiheit zu gelangen. Im Reich der absoluten Stille des eigenen Herzens, ohne Unterstützung durch Körper, Seele und Geist, wird uns eine Bewusstheit zuteil werden, die ungetrennt und unendlich ist. Das Verharren in dieser Stille wird uns verjüngen und erfrischen. Sie wird die Quelle für immer neue Einsichten, immer neue Bewusstheit und Liebe, immer neuen Frieden.

Das kostet nichts, es bedarf keines Luxus, ich brauche weder Freunde noch meine Familie dazu, keine Bildung, keine besondere Technik oder Fähigkeit. Ja, das Anhaften an derartige Dinge könnte sich sogar als Hindernis herausstellen. Ich beziehe mich hier auf das Verharren in völliger Stille, den Kern aller Bewusstheit und allen Verstehens, was unser wahres Wesen ausmacht, das Substrat unserer Glückseligkeit und Freude. Was notwendig ist dazu, ist die Abkehr der Aufmerksamkeit, die wir Empfindungen, Gefühlen und Gedanken schenken, um uns der wirklichen Quelle unserer Aufmerksamkeit zuwenden zu können.

In der Stille und passiven Wahrnehmung sind wir nur noch Zeugen des Spiels der natürlichen Kräfte. Wir sind nur noch Zeugen der Empfindungen unseres Körpers, der Bilder und Laute, von Heiß und Kalt, unserer Sinneseindrücke und unseres Atems. Wir sind Zeugen auftretender Gefühle und wie sie sich wandeln und wieder verschwinden. Wir sind Zeugen der Empfindungen, die auf die Gefühle folgen, und der Gefühle, die auf die Gedanken folgen. Wir werden zu interesselosen, aber aufmerksamen Zuschauern des Spiels der Kräfte in diesem sich stetig wandelnden Bereich, den wir unser Selbst nennen. Wir beobachten den Denkvorgang, seine Schwungkraft und Richtung, seine wechselnden und sich verändernden Muster, seine wiederkehrenden Eskapaden wie die alten Tricks eines müden Affen. Wir kontrollieren und lenken nicht, wir halten nicht fest und verschmähen nicht, wir klammern und kämpfen nicht. Wir verharren einfach still und betrachten das Spiel der Kräfte wie ein unengagierter Zuschauer, der einen Schauspieler bei seiner Arbeit beobachtet. In dieser absoluten Stille kommt es zu tiefen Einsichten und völligem Verständnis. In diesem namenlosen Zustand müheloser und absoluter Bewusstheit sind wir frei.

ESSAY 21

Im gegenwärtigen Augenblick leben

Die Vergangenheit ist vorbei, die Zukunft noch nicht da. Die Vergangenheit ist lediglich eine Erinnerung, die Zukunft Phantasie. Die Vergangenheit ist die Leinwand der Erinnerung, die Zukunft der Schleier der Phantasie. Können wir jetzt, in genau diesem Augenblick, davon frei sein, die Welt und uns selbst unmittelbar wahrnehmen? Können wir ohne den Filter der Erinnerung und Konditionierung, ohne die Barriere von Ängsten und Hoffnungen leben? Können wir unser Bewusstsein völlig befreien und die Dinge so sehen, wie sie im Augenblick sind?

Über Vergangenheit und Zukunft hinausgehen heißt, über die Zeit hinausgehen. Über die Zeit hinausgehen heißt, über das Denken hinausgehen. Denn wie Erinnerung und Phantasie verkörpern Vergangenheit und Zukunft die Barriere des Denkens und der Zeit. Dieses Hindernis blokkiert unser Bewusstsein und führt zu einer verzerrten Wahrnehmung der Welt und von uns selbst. Auf vergangenes Unglück reagieren wir, indem wir in der Gegenwart neues Unglück heraufbeschören. Wenn wir vergangenes Unglück auf den Kopf stellen, wenn wir auf Unglück mit Hass und Konflikt reagieren und es so fortschreiben, bleiben wir Gefangene der Vergangenheit, des Denkens und der Zeit. Unsere Erinnerungsfähigkeit, die sehr nützlich für uns sein kann, wird zur Belastung, da sie das Bewusstsein des gegenwärtigen Augenblicks filtert. Die Linse der Vergangenheit trübt den Blick im Hier und Jetzt. Eine nützliche Fähigkeit wird zur Blockade der Freiheit. Die Muster der Erinnerung und seiner

Mechanismen, ihre Spuren mechanischer Reaktionen, machen uns zu Gefangenen. Die Tyrannei des Denkens und der Zeit hindern uns daran, frei zu sein.

Die Zukunft ist uns unbekannt. Der Geist sucht Gewissheit und fürchtet sich vor dem Unbekannten. Deshalb sucht er nach gespeicherten Eindrücken, durchkämmt seinen Erinnerungsspeicher und verarbeitet sie zu Phantasien. Das nennen wir dann unsere Zukunft. Wir gehen von der toten Vergangenheit der Erinnerung in die tote Zukunft wiederverwerteter Erinnerungen, also in das Reich der Phantasie. Bei dieser Bewegung im Reich des Bekannten blenden wir das Unbekannte aus. Bei dieser Bewegung innerhalb des Denkens und der Zeit blenden wir unser Bewusstsein aus. Wir wollen unser Leben retten und verlieren es dadurch.

Das Bewusstsein ermöglicht Wahrnehmung. Doch unsere als Erinnerungen und Phantasievorstellungen gespeicherten Wahrnehmungen blockieren das Bewusstsein. Das ist ein Paradoxon. Können wir von Augenblick zu Augenblick in absoluter Bewusstheit leben und die Vergangenheit vergessen, ohne uns die Zukunft zusammen zu phantasieren? Können wir in absoluter Bewusstheit ganz im Hier und Jetzt aufgehen, bereichert durch zeitloses Bewusstsein? Können wir Ekstase, Freude, Zufriedenheit und Frieden im Hier und Jetzt erleben, indem wir die Barriere unserer eigenen Getrenntheit, des Denkens und der Zeit durchbrechen?

Zunächst konzentrieren wir uns zu diesem Zweck auf das Hier und Jetzt. Wir werden uns unserer Empfindungen, eines Gefühls des Wohlbehagens oder Unbehagens oder des Gefühls von Wärme oder Kälte bewusst. Wir achten auf unseren Atem, indem wir nur das ständige Ein und Aus beobachten. Wir achten auf unsere Gedanken und Gefühle, auf ihr Kommen und Gehen, auf ihre Konstanz und ihren Wandel. Wir achten auf die Bewegung unserer Gedanken, wie wir wahrnehmen, uns erinnern, vergleichen, etikettieren und kategorisieren. Wir betrachten unsere Vorlieben und Abneigungen, die Angst und die Vergeblichkeit, das Vergnügen und den Konflikt. Völlig gelassen betrachten wir all das, sonst nichts. Wir bemühen uns nicht um Verständnis, wir bewerten nicht, klammern uns an nichts, fliehen vor nichts. Wir sind nur am Beobachten, lassen alles hochkommen und entfernen uns dann von unserer Wahrnehmung. Nur das Bewusstsein bleibt ungebrochen, unsichtbar und unbemerkt. Es gibt keinen Betrachter und nichts Betrachtetes, kein Subjekt oder Objekt. In dieser tiefen Versunkenheit liegt für immer und ewig die Bewusstheit jenseits von Zeit und Denken. In dieser zeitlosen Bewusstheit sind wir gelassen, glücklich und frei. Das ist nicht die Freude, die durch Vergnügen und Aufregung entsteht, sondern eine stille Freude, die die Vergänglichkeit aller Freuden, aller Schmerzen, aller Vergnügungen und Leiden begriffen hat, eine Gelassenheit, die den Fluss des Wandels überdauert.

Wer das erreichen will, kann das nur, indem er sich dieser ruhigen Stille hingibt. Man braucht dazu keine Technik, keinen Lehrer, keinen hehren Zweck, kein Übungsprogramm, keine Weisheit, keine Religion, keine Unterstützung, kein Geld und keine Freunde. Das einzige, was dazu erforderlich ist, ist das Verharren in völliger und bedingungsloser Stille. Wer in dieser Stille, in diesem Bewusstsein verharrt, befreit von Vorstellungen und den Bewegungen des Denkens, wird sich der Angst, des Konflikts, des Hasses und Stolzes, der Vorurteile, der Hoffnungen, der Erinnerungen und der Phantasievorstellungen bewusst, die uns davon abhalten, die Dinge so zu sehen, wie sie sind. In der aus totaler Stille entsprungenen Bewusstheit erkennen wir die Barrieren, die der Bewusstwerdung entgegenstehen, und wir treten zur Seite. Jetzt kennen wir unsere Verbundenheit mit allem, wir sehen, dass alles mit allem zusammenhängt. In dieser Stille und Ruhe, in dieser Friedlichkeit, dieser ruhigen Freude, dieser sanften Einsicht, dieser furchtlosen Selbstbeherrschung, dieser totalen Aufmerksamkeit durchbrechen wir die Barriere der Zeit und des Denkens und sind völlig und bedingungslos frei. Diese Freiheit steht uns im Hier und Jetzt ständig zur Verfügung, wann immer wir wollen, wenn wir in diese Stille eintauchen und sie einfach zulassen können.

ESSAY 22

Kann aus Schuldgefühlen Tugend entstehen?

Können wir durch die Gewalt von Schuldgefühlen tugendhaft werden? Kann Schuld, also etwas Negatives, ein Konflikt, eine angelernte Reaktion, die Quelle für spontane Liebe und eine herausragende Eigenschaft, wie sie die Tugend ist, werden? Schuldgefühle entstehen aus angelernten Vorstellungen. Häufig werden kluge Argumente ins Feld geführt, etwa dass Schuldgefühle die Stimme des Gewissens sein können, das uns die richtige Wahl treffen lässt. Doch auch der Begriff des Gewissens ist eine angelernte Vorstellung. Wir entwerfen ein Gewissen und machen das Schuldgefühl dann zur Stimme dieses Gewissens, das tugendhaftes Verhalten hervorruft oder fördert. Der Einfluss der Konditionierung ist häufig tiefgreifend und geht verschlungene Wege. Die so genannte Klarheit des Intellekts hat im Irrgarten angelernter Vorstellungen keine Chance. Weisheit, die man sich angelernt hat, ohnehin eine zweifelhafte Sache, verstrickt sich häufig in den Spinnweben der Verwirrung. Wer Schuldgefühle als mögliche Quelle der Tugendhaftigkeit oder als deren Triebfeder betrachtet, wiederholt eine angelernte Vorstellung.

Tugendhaftes Verhalten kann zwar vermittelt werden, aber die Tugend entsteht spontan aus Bewusstsein und Liebe. Man stelle sich einen Menschen vor, der sich in tugendhaftem Verhalten übt. Er lächelt zum richtigen Zeitpunkt, legt gute Manieren an den Tag und hält sich an die Gesetze. Doch das hat unter Umständen nichts mit Tugendhaftigkeit zu tun. Denn die Ordnung und das Bewusstsein, die er sich zu eigen macht und verkörpert, kommen von außen, ohne je dem Test der spontanen Reaktion unterzogen worden zu sein. Seine tugendhaften Handlungen sind angelernte Reaktionen, ohne Schwung, und sie wiederholen sich. Oft sind sie nur äußerer Schein. In seinem Kopf gibt es womöglich nach wie vor Konflikte, Eifersucht, Lust und Hass. Es könnte wie mit der Jungfräulichkeit sein, weil man keine Gelegenheit bekommt, es endlich zu tun.

Wir werden in der frühen Kindheit entscheidend geprägt. Diese Konditionierung kann ein Leben lang währen. Werden wir auf eine Weise konditioniert, die von der Gesellschaft als erwünscht und tugendhaft erachtet wird, entwickeln wir unter Umständen tief eingefleischte Muster in unserem Denken und Verhalten, die von der Gesellschaft ebenfalls als erwünscht erachtet werden. So sind wir dann höflich, ordentlich, rücksichtsvoll, pünktlich, pflichtbewusst, freundlich usw. Und das könnten Denk- und Verhaltensmuster sein, die zu Recht als Tugenden betrachtet werden. Ich könnte genauso erzogen worden sein, mich in ähnlichen gesellschaftlichen Kreisen bewegt und von „üblen Zeitgenossen" ferngehalten haben, die betrügen, gern schimpfen, eifersüchtig sind, wütend, ordinär und schlechte Manieren haben, kurzum, ein Sinnbild des Lasters verkörpern. Steckt hinter diesem angelernten Netz aus Ansichten, hinter diesem mühelosen aber gedankenlosen Ritual erwünschter Denk- und Verhaltensweisen tatsächlich Tugendhaftigkeit?

Die Gesellschaft gedeiht durch die Erhaltung des Status quo. Wie dieser Status quo auszusehen hat, bestimmen oft mächtige persönliche Interessen. Diesen Personen ist daran gelegen, dass der Konformismus, die gedankenlose Wiederholung von Denk- und Handlungsmustern, gefördert wird. Den Schwerpunkt dieser Bemühungen bildet der Versuch, das Denken konformistisch zu gestalten, um sich so an die Gesellschaft anzupassen. Bei diesem Anpassungsprozess bringen Autoritätspersonen kritische Stimmen zum Schweigen. Bestimmte Vorstellungen über Wahrheit und andere Werte dienen dazu, Kritik zum Schweigen zu bringen. Das Schweigen des Unterlegenen wird als stille Tugendhaftigkeit gepriesen. Kritik und Auflehnung sind verpönt. Wer aus der Reihe tanzt, wer die Autoritäten hinterfragt, gilt als eingebildet, dumm oder man unterstellt ihm die Arroganz der Jugend und Unerfahrenheit. Wer sich nicht an die vorgegebenen Regeln hält, gilt als undiszipliniert und wird von den Mächtigen bekämpft, die sich große Idealbilder zunutze machen, um Schuldgefühle hervorzurufen. Das Schuldgefühl wird zum Instrument gesellschaftlicher Kontrolle. Es wird zum Mittel, mit dem einer den anderen kontrolliert. Während Zwang als etwas Schlechtes gilt, betrachtet man Schuldgefühle als Stimme der Moralität. Das sind die Ironien und Paradoxa des Lebens.

Wenn das Schuldgefühl aus innerer Bewusstheit rührt, warum taucht es dann nach einem Ereignis oder bestimmten Verhalten auf? Ist das Bewusstsein so ohnmächtig, dass es inmitten der Konditionierungskräfte ein machtloser Zuschauer bleibt? Wahre Bewusstheit ist allmächtig, die durch ihr schieres Vorhandensein den Irrtum vertreibt und keinen Platz für Bedauern lässt. Schuldgefühle sind angelernte Reaktionen, Rationalisierungen und Ausflüchte. Wir versuchen eine Stimme in Begriffe zu fassen und zu schaffen, wo keine ist. Das soll nicht heißen, dass es in uns keine zeitlose Bewusstheit gäbe. Nein, sie ist unser Zentrum. Aber wenn sich diese zeitlose Bewusstheit bemerkbar macht, kommt es zu einer völligen Wandlung: ein Denk- und Verhaltensmuster wird auf den Kopf gestellt. Das führt zu einer grundlegenden Veränderung, nicht zum Schuldgefühl. Zeitlose Bewusstheit verändert unsere Sicht von Gut und Böse, ohne darüber zu Gericht zu sitzen. Wie kann sie dann zur Quelle eines Schuldgefühls werden? Schuldgefühle implizieren ein Urteil über uns, das angelernten Mustern entstammt. Handlungen, die auf Schuldgefühlen beruhen, sind unter Umständen tugendhaft, aber keine Tugend. Sie beruhen auf der Angst vor Konsequenzen, auf der Furcht vor dem Unbekannten. Sie könnten auf unser Überleben oder Wohlbefinden abzielen. Die Handlungsweise könnte angemessen sein, doch ihr fehlen Bewusstheit, Verstehen und Einsicht. Sie ist wie ein kleines Kind, das sein tägliches Glas Milch trinkt, ohne zu wissen, welche Bedeutung das hat.

Aus der Kraft gesellschaftlicher Sanktionen zieht die Konditionierung ihre Stärke. Die Verschlungenheit des menschlichen Denkens erhebt angelernte Auffassungen in einen sakrosankten Status, den es Gewissen nennt. Wenn das, was wir mit dem Begriff Gewissen bezeichnen, für das tiefste Selbst des Menschen steht, hat es eine enorme Kraft, eine Kraft zur grundlegenden Veränderung. Es kann uns dann nicht süsse Nichtigkeiten zuflüstern und teilnahmslos zusehen, wie wir uns in Schwäche, Unschlüssigkeit und Schuldgefühlen suhlen. Die Fassade der Tugend ist keine Tugend. Die Heiligung angelernter Auffassungen ist nicht die Stimme der unendlichen Intelligenz in uns. Schuldgefühle dienen der Gesellschaft als Kontrollinstrument. Deren Macht und Effizienz gründet dabei auf unserer Angst vor dem Unbekannten. Sie beruht somit auf Unwissenheit und Angst. Doch wie soll Tugend, die ja bedingungslose und unendliche Liebe bedeutet, aus Unwissenheit und Angst erwachsen können?

Das Schuldgefühl steht bei oberflächlichen Kämpfen unseres Bewusstseins im Mittelpunkt. Es wird als Gewissen oder als Instrument bezeichnet, mit dem uns andere kontrollieren können. Doch in der Tiefe, an seiner Quelle, entspringt es aus unserer eigenen Unwissenheit und Angst. Wenn wir nun diese Angst sorgfältig mit unserer ganzen Aufmerksamkeit und Beobachtungsgabe untersuchen und die grundlegenden Annahmen in Frage stellen, auf denen unser Leben basiert, sind wir in der Lage, das Irreale unserer Ängste und Unwissenheit zu erkennen. Wir sehen den oberflächlichen Charakter angelernter Auffassungen und der Reaktionen auf diese angelernten Auffassungen. Wenn wir uns unserer selbst, unseres Körpers, unserer Seele, unseres Geistes, unserer Konflikte, Begierden, Ängste und Hoffnungen, Erinnerungen und Phantasien völlig bewusst sind, wenn wir uns also unserer selbst so bewusst sind, wie wir sind, wird unser

Leben grundlegend gewandelt. Wir öffnen in uns die Quelle bedingungsloser Liebe, Geduld, Freundlichkeit, Friedlichkeit, Erfüllung und Freude und erkennen diese Quelle als unser tiefstes Selbst und als Zentrum und Basis der Schöpfung. Hier, in dieser unendlichen Glückseligkeit, in diesem Erblühen unseres Bewusstseins liegt Tugendhaftigkeit.

ESSAY 23

Sind wir die Krone der Schöpfung?

Wir brüsten uns wegen unseres Aussehens, unserer Hautfarbe, unseres Wohlstands, unserer Macht, unserer Intelligenz, unseres Weitblicks und unserer Weisheit. Doch Vater und Sohn streiten miteinander, benachbarte Länder führen Krieg gegeneinander, die Verfechter der Demokratie versuchen diese nur im eigenen Hinterhof zu verwirklichen, der Fanatismus läuft Amok, Theorien versagen, Konflikte und Chaos verschärfen sich. Liegt es nur an unserer Eingebildetheit und Dummheit, dass der Mythos der Überlegenheit gedeihen kann?

Unsere Eingebildetheit und Ignoranz lässt den Mythos der Überlegenheit blühen. Vielleicht sind wir durch eine bestimmte Fähigkeit oder Eigenschaft anderen tatsächlich überlegen, vielleicht genießen wir Überlegenheit wegen unseres sozialen Status oder Wohlstands. Auf einem bestimmten Gebiet könnten wir anderen tatsächlich überlegen sein. Und dennoch sind wir im Grunde niemandem überlegen. Überlegenheit ist eigentlich und letztlich ein Mythos, der der Eingebildetheit und Ignoranz des Menschen entspringt.

Sagen wir einmal, ich halte mich für großartig und fähig, die abstraktesten Gedanken zu formulieren. Doch schon das simpelste Problem des täglichen Überlebens könnte meine Fähigkeiten auf die Probe stellen. Jemand ist vielleicht der geborene Charmeur, versteht es, Eskimos Kühlschränke und Glatzköpfen Kämme anzudrehen. Doch privat ist dieser Mensch vielleicht unglücklich, ängstlich und voller Konflikte. Ein anderer verfügt vielleicht über außergewöhnliche moralische Integrität und geistige Kraft, ist charakterfest und wertebewusst und lebt nach seinen Prinzipien, hat also nichts zu fürchten. Dennoch mangelt es ihm unter Umständen an Vertrauen oder er leidet unter Angstzuständen. Oder jemand beeindruckt die ganze Welt mit seinem geschliffenen Wort, scheitert aber in der Ehe. Jeder hat seine Stärken und Schwächen, jeder kennt Triumph und Niederlage, jeder kennt die Höhen und Tiefen des Lebens. Jeder hat Hoffnungen und Ängste, jeder hat eine Vergangenheit und eine Zukunft. Jeder wurde geboren und wird sterben. Damit ist keine Überlegenheit verbunden. Eigentlich gibt es so etwas wie Überlegenheit gar nicht. Die Vorstellung der Überlegenheit – sei es hinsichtlich Volkszugehörigkeit, Sprache, Nation, Geschlecht, Beruf, Status, Reichtum, Intelligenz oder Klugheit – ist ein Mythos, der unserer Eingebildetheit und Ignoranz entspringt. Wenn jemand an seine eigene Überlegenheit oder die anderer glaubt, so ist das ein deutlicher Hinweis auf Ignoranz. Sogar der klügste Zeitgenosse erliegt gerne solchen Augenblicken der Eingebildetheit und Ignoranz. Warum?

Nach der Geburt sind wir von unseren Eltern oder anderen Bezugspersonen abhängig, deren Zuwendung, Liebe und Fürsorge wir bedürfen. Deshalb wollen wir uns gut mit ihnen stellen, immerhin sorgen sie ja für uns. Und sie geben ihre Vorstellungen und Vorurteile an uns weiter. Im Laufe der Zeit werden wir konditioniert. Daraus entstehen Dinge wie Größenwahn oder Minderwertigkeitsgefühle, Definitionen von Gut und

Böse, von Vollkommenheit und Unvollkommenheit, und so entsteht die Bindung an den Mythos der Überlegenheit mit ihren vielen Gesichtern. Gleichzeitig entwickelt sich in uns ein unausgesprochenes Gefühl der Unzulänglichkeit. Wenn Vollkommenheit erstrebenswert sein soll, Unvollkommenheit aber nicht, beschleicht uns da nicht im tiefsten Inneren ein merkwürdiges Gefühl – bin ich immer vollkommen? Da die ehrliche Antwort nein lautet, haben wir nur zwei Möglichkeiten: entweder wir vernichten die in uns gepflanzten Ansichten, die Muster der Konditionierung, oder wir erwecken nach außen den Anschein der Vollkommenheit. Wenn wir stark genug sind, legen wir die Konditionierungsmuster ab und erkennen unsere eigenen Beschränkungen. Ein Bewusstsein, das die eigenen Beschränkungen als solche erkennt, ist in der Lage, sie damit zu überwinden. Geben wir uns jedoch den Anschein der Vollkommenheit, bleiben wir Gefangene der Zersplitterung von Tatsachen und Phantasien, von Ängsten und Konflikten. Wir bleiben die Sklaven von gedankenlos wiederholten Denk- und Handlungsmustern.

Jeder Mensch hat seine individuellen Begabungen und ganz individuelle Schwächen und Stärken. Deshalb müssen wir wachsam bleiben, von jedem lernen, aus jeder Erfahrung Lehren ziehen, immer wachen Sinnes sein und uns davor hüten, Meinungen zu horten. Durch unsere Erinnerungsmechanismen könnten wir schlaue Ansichten sammeln, an die wir nur zu gerne glauben, aber auch Informationen, die unsere Auffassungen untermauern und uns dann ein positives oder negatives Selbstbild liefern, das wir uns zu eigen machen. Es ist jedoch nur ein Bild.

Tatsache ist, dass das Universum in ständiger Bewegung ist und es keine grundsätzliche oder letztendliche Überlegenheit gibt. Unsere Ideen von der Getrenntheit, unsere angeborene Eingebildetheit und Ignoranz bereiten den Boden für unser aufgeblasenes Selbstbild, für Kategorisierungen und Schubladendenken. Wenn wir in völliger Stille verharren, erkennen wir, dass wir nur eine einzige Welle im unendlichen Meer der Schöpfung sind, das sich in ständiger Bewegung befindet. Keine Welle lässt sich im Strom endloser Bewegung von der anderen unterscheiden. Unser Glaube an getrennte Identitäten ist deshalb eine Irrmeinung. Jenseits unserer Beschränkungen durch Körper, Seele und Geist, jenseits der Begrenzungen durch angelernte Ansichten, durch unser Denken, durch Raum und Zeit, sind wir eigentlich nichts weiter als grenzenloses Bewusstsein. Jedes Lebewesen, jede Lebens- und Energieform reiht sich ein in den Tanz unendlicher Intelligenz und Energie, die die Schöpfung ausmachen.

Somit vermag uns schlichte Bescheidenheit und Ehrlichkeit bei der Anerkennung unserer Beschränkungen – wenn wir uns so sehen, wie wir sind – in einen Zustand ungeteilten Bewusstseins, der Einfachheit und Freude bringen. In diesem friedlichen, freudvollen Zustand wird uns die Irrealität aller angelernten Auffassungen klar und wir gewinnen plötzlich unmittelbare Einsichten. Mit Einfachheit und Bescheidenheit nehmen wir die gesamte Schöpfung als unser eigenes Selbst an. In dieser außergewöhnlichen Alleinheit finden sich unendliche Weisheit, Erfüllung, Frieden und Glück.

ESSAY 24

Das innere Leben der Einsamkeit

Wir sind Sprösslinge unserer Eltern, wachsen mit Freunden und Familienmitgliedern auf, leben als Teil der Gesellschaft. Doch die Entwicklung unseres Bewusstseins, die Reise durch unser Leben, unsere Freuden und Schmerzen, unsere Triumphe und Niederlagen gehören uns ganz allein. Und auch die Entwicklung unserer Bewusstheit, die Förderung und Weiterentwicklung des eigenen Bewusstseins, die Erweiterung der eigenen bewussten Fähigkeiten sind ganz und gar eine einsame Reise. Unser Leben lang gehören unsere inneren Erfahrungen einzig und allein uns selbst. Das ist so zu sagen das innere Leben der Einsamkeit.

Wir erfahren unser Leben in uns selbst. Auf ganz tiefe und vollständige Weise sind wir, was wir in unserem Geist und Herzen erfahren. Trotzdem lässt sich diese Erfahrung, diese Entdeckung des eigenen tiefsten Selbst nicht durch jemand anderen verifizieren. Häufig beurteilen wir einander nach Äußerlichkeiten und oft tappen wir völlig im Dunkeln, wenn es um die tiefsten Gefühle und Gedanken anderer Menschen geht. Doch tief drinnen, in unseren verschwiegensten Augenblicken, in unseren Siegen und Niederlagen, unser Leben lang spielt unser Verhältnis zu unserem tiefsten Selbst die größte Rolle überhaupt. Auch wenn wir uns in Wohltätigkeitsvereinen engagieren, Anerkennung und Bewunderung einheimsen, kann es in unserem Inneren dennoch Konflikte und Irritationen geben.

Unsere Siege im Außen haben nur beschränkte Bedeutung. Von höchster Bedeutung ist der Sieg, den wir tief in unserem Herzen davontragen, im inneren Leben der Einsamkeit. Dort müssen wir die Zersplitterung und Angst, den Konflikt und Hass ausmerzen. Dort müssen wir die Entdeckung unserer unbegrenzten Fähigkeit zu Liebe, Frieden, Freundlichkeit und Verständnis machen. Im Reich des eigenen Denkens müssen Bewusstheit, Verständnis und Einsicht herrschen. Dort müssen wir lernen, uns selbst im Griff zu haben und würdige Vertreter werden, die Pracht der unendlichen Energie und Intelligenz auszudrücken, die das Universum beseelen.

Unsere Liebe und Freundlichkeit, unsere Freude und Erfüllung – all das entspringt wie selbstverständlich und spontan unserem tiefsten Selbst. Ganz selbstverständlich spüren wir die Einheit mit der gesamten Schöpfung. Von Natur aus sind wir offen für die Schranken der Trennung und frei davon und von begrenzendem Denken. Wollen wir diesen Kern grenzenloser und ungeteilter Bewusstheit betreten, müssen wir die Zwiebel der Konditionierung häuten. In unserem Kopf findet sich eine Schicht Konditionierung nach der anderen. Ein außergewöhnliches Maß an Ehrlichkeit und Mut, Vertrauen und eine liebevolle Einstellung unserem eigenen Selbst gegenüber sind erforderlich, wollen wir diese Schichten abtragen. Alle äußeren Maßstäbe wie Errungenschaften, Anerkennung, Werte, Ideale und Größe helfen hier nicht weiter. Man tastet sich im Dunkel der eigenen Konditionierung vorwärts, ganz auf sich gestellt, und nur Liebe, Geduld und Mut helfen uns nach einem Sturz, uns wieder aufzurappeln, um schließlich die eigene angeborene Vollkommenheit zu erkennen. In den unsichtbaren Tiefen unseres eigenen Bewusstseins sind äußerliche Bezugspunkte nutzlos, sie gelten hier nicht. Nur mit Hilfe unserer Konzentrationsfähigkeit und unserer Bewusstheit, nur mit dem Schlaglicht unserer Aufmerksamkeit suchen wir die verborgenen Untiefen unseres Bewusstseins ab.

Bei dieser Suche, bei der Entdeckung des Unbekannten stoßen wir auf viele unbezahlbare Schätze, aber auch auf viele verborgene Ungeheuer. Hinter unserer Fassade der Freundlichkeit lauert das Ungeheuer herzloser Grausamkeit und hinter der Fassade der Lernbereitschaft lauert das Ungeheuer der Dummheit und Ignoranz. Hinter der Fassade der Bescheidenheit verstecken sich geheimer Stolz und Arroganz. Die Aufdeckung unserer eigenen Großartigkeit läuft darauf hinaus, geduldig und beharrlich sämtliche Schichten abzutragen. Bei dieser inneren Suche gibt es keine Abkürzungen zu Ruhm und Herrlichkeit. Wir gehen hier als Sieger hervor, wenn wir bis zum Schluss uns selbst gegenüber treu bleiben. Wenn nicht, enden wir als Verlierer. Wir suchen in diesem inneren Leben der Einsamkeit nach unserer Vollkommenheit. Geduldig, liebevoll, freundlich und mutig verharren wir reglos in der Stille und hoffen auf ein Zeichen, einen Impuls aus unserem tiefsten Selbst. Wir geben nicht auf, meiden soziale Anerkennung und Popularität, trachten nach dem Sieg für uns selbst im inneren Leben der Einsamkeit. Nie gekannte Gefühle der Ekstase und steile Klippen der Versuchung erwarten uns hier. Doch wenn wir uns darauf konzentrieren, von den Beschränkungen einengender

Muster frei zu werden, wenn wir nach vollkommener Bewusstheit streben, können uns weder Macht- noch Lustgefühle von unserem Weg abbringen. Wir gehen unseren Weg allein, in völliger Bescheidenheit, während wir ständig unsere Motive in Frage stellen und uns immer wieder der Vollkommenheit hingeben, die unser tiefstes Selbst für uns bereit hält, und rappeln uns wieder auf, nachdem wir gestürzt sind. Schließlich wird ein großes Glücksgefühl unser Gast, der uns durch das Niederreißen der Trennmauern geschickt wird, durch den Zusammenbruch von wahrgenommener Getrenntheit, der Idee, der Mensch sei von seinesgleichen getrennt, oder wir seien von der Gesamtheit der Schöpfung getrennt. In dieser Einheit erkennt unser Bewusstsein sein ihm eigenes Potenzial der Unendlichkeit und Unterschiedslosigkeit. Das ist jedoch keine Fühllosigkeit, die nicht in der Lage wäre, Vielschichtigkeit wahrzunehmen, sondern die Erkenntnis, mit der wir in die Lage versetzt werden, intuitiv unsere Allverbundenheit, die letztliche Einheit jenseits aller äußeren Erscheinungen wahrzunehmen. Und mit dieser Erkenntnis kommt die unterschiedslose Bewusstheit ans Tageslicht, die sich auf millionenfache Weise in der Herrlichkeit der Schöpfung ausdrückt. Wenn wir das erkannt haben, ist die Einsamkeit für immer gebannt, aber es kommt zu einer klaren Wahrnehmung unseres Alleinseins. Denn unsere Reise durchs Leben, die Weiterentwicklung unseres Bewusstseins entspricht schon immer dem inneren Leben der Einsamkeit, wo uns die unendliche Intelligenz wie ein Dieb in der Dunkelheit einen Besuch abstattet.

ESSAY 25

In Ruhe leben

Der Kampf ums Überleben erstickt uns in Lärm. Der Verkehrslärm unserer Betonwüsten, der Lärm des angesammelten Wissens und Lernens, der Lärm der Dogmen und Glaubensbekenntnisse, der Lärm des Konkurrenzkampfes ums Überleben. Trotz alledem schleppen wir uns dahin, ergehen uns in Großtuerei, bilden uns groß etwas auf unsere Errungenschaften ein, während tief verborgen in uns die Angst lauert. Inmitten eines Irrgartens der Überzeugungen und Bekenntnisse, der Loyalitäten und Dogmen, inmitten des Dschungels sakrosankter Ansichten und der einsamen Reise durch unser Leben, im privaten Reich unseres ureigenen Denkens suchen wir nach Frieden und Stille. Unser Bedürfnis nach Frieden und Stille ist etwas Natürliches, denn nur in der Stille finden wir Frieden, Gelassenheit und leises Glück.

Wenn uns nach Stille und Frieden ist, wenden wir uns von den Mitmenschen ab, schließen die Tür hinter uns, verdienen Geld und mehren es, um so zum erhofften Frieden, zur Ruhe zu kommen, irgendwann einmal, in der fernen Zukunft, oder wir sehnen uns nach exotischen Ferien und fantastischen Theorien. Doch unser Denken liegt im Clinch mit den eigenen Auffassungen und Mustern, den Konflikten und Ängsten. Im Kopf schwirrt die Gedankenflut, die vor Angst aufgeschreckt wird, er arbeitet auf Hochtouren, die Verlangen zu erfüllen, und schäumt vor Wut. Trotz all dieser Qual und Pein sind wir ständig im außen auf der Suche nach Trost und Erleichterung, nach Frieden und Ruhe. Finden wir den

Trost und den Frieden völliger Ruhe im außen oder in uns selbst? Mit Beruhigungsmitteln wie Ferien, exotische Lebensführung, Tabak und Alkohol, Drogen jeder Art, Geld und Macht, Sex und hohlem Schein des Glanzes, Gier und Ehrgeiz können wir unser Denken nur vorübergehend einlullen. Wieder und wieder suchen uns seelische Qualen heim, leiden wir unter der Leere, hoffen wir verzweifelt auf dauerhaften Frieden, auf Freude, Erfüllung und Glück, ein Glück jenseits von Ängsten und Konflikten, jenseits von Lärm und Unruhe, auf die Ruhe und den Frieden völliger Stille.

Eine tiefe und bleibende Stille kann spontan offenbar nur dann einziehen, wenn der Geist zur Ruhe gefunden hat, wenn er seiner Eskapaden müde geworden ist und eine Pause zum Atemschöpfen eingelegt hat. In diesem Augenblick der Ruhe, wenn das Denken zum Erliegen gekommen ist, erfahren wir eine Stille, einen Frieden nie gekannten Ausmaßes. Dieser Friede birgt unbeschreibliche Freude, Erfüllung und unbeschreibliches Glück. Es handelt sich bei diesem außergewöhnlichen Friedens- und Glücksgefühl, bei dieser völligen Stille um unseren natürlichen Zustand, um unser tiefstes Selbst, das jenseits der Wucht des Denkens und der Macht angelernter Muster liegt. Unser müder Geist, der durch Jahrzehnte der Konditionierung, der Erfahrung, der Erinnerung, der Ängste und Hoffnungen, der Ansichten und Überzeugungen fast umgekommen ist und von Ängsten und Konflikten um das Problem der Getrenntheit zersplittert wurde, sucht verzweifelt nach Ruhe.

Auf unserer Jagd nach Frieden, Glück und Stille bringt uns die Suche im außen vorübergehende Ergebnisse. Wenn wir aufmerksam beobachten, wenden wir uns nach innen und betrachten uns selbst, die eigenen Gedanken, und sehen, wie sich Freude und Trauer, Lust und Schmerz abwechseln, wir gewahren das zwangsläufige, nie endende Auf und Ab des Lebens. Wenn wir mit voller Aufmerksamkeit beobachten, erkennen wir, dass die wechselnden Stimmungsphasen in uns unausweichlich sind. Wir begreifen, dass es nutzlos ist, dem Glück nachzujagen und den Kummer bannen, das Vergnügen festhalten und dem Schmerz ausweichen zu wollen. Wir erkennen die Vergeblichkeit, weil uns durch unmittelbare Beobachtung, nicht durch Folgerungen oder logischem Denken klar wird, dass uns sowohl Flucht als auch das Klammern gefangen halten in der Hin- und Herbewegung des Denkens und uns hindern, den von uns angestrebten Zustand der Ruhe, des Friedens und der Glückseligkeit zu erreichen. Wir verharren bei dieser Einsicht und hüten uns davor, etwas zu tun, wodurch wir uns erneut der mechanischen Reaktionsmuster von Anziehung und Abneigung bedienen. Wenn unser Denken dergestalt mit Beobachtung und Einsicht beschäftigt ist, gibt es sich spontan der Stille hin und hat die Fähigkeit zu grenzenloser Liebe, Geduld, Freundlichkeit, Sanftheit und Weisheit. Ein Geist, der so zur Ruhe gekommen ist, reflektiert das Licht der Bewusstheit, die unser Verständnis der Welt und unserer selbst beseelt. In diesem geistigen Zustand der Ruhe und Gelassenheit, während wir uns auf völlige Aufmerksamkeit und ungebrochene Beobachtung konzentrieren, stoßen wir auf den Schatz absoluter Stille, nie endender Freude, unendlicher Weisheit und bedingungsloser Liebe. Es ist dies die Stille jenseits des Denkens, die Weisheit jenseits der Zeit. Es ist dies Einsicht jenseits äußerer Erscheinungsformen und Stabilität jenseits des Todes. Es ist dies unser natürlicher Zustand, für jeden einzelnen von uns, es ist dies unser wahres Potenzial und tiefstes Selbst. Für uns alle, ob bedeutend oder nicht, reich oder arm, berühmt oder nicht, schwarz oder weiß, schön oder hässlich, ist dies unser tiefstes Selbst. Die Pracht unendlicher Liebe und Vollkommenheit liegt in uns. Sie zu finden und bei ihr zu verharren, bedeutet endloses Glück, unendlichen Frieden und die Gelassenheit absoluter Stille.

ESSAY 26

Das Wunder schöpferischen Tuns

Betrachten wir etwas uns Bekanntes auf neue Weise, so schaffen wir es neu. Betrachten wir unsere Gewohnheiten stets anhand neuer Erkenntnisse und neuer Bewusstheit, schaffen wir Neues. Wenn durch unsere Liebe altbekannte Augenblicke zu etwas Besonderem werden, schaffen wir Neues. Bei alledem werden wir des Wunders schöpferischen Tuns teilhaftig. Wir wissen, dass wir nicht die Schöpfer unseres Körpers, unserer Seele, unseres Geistes sind. Dennoch war unsere Geburt ein Schöpfungsakt. Auch unser Tod wird ein Schöpfungsakt sein, bei dem unser Leib zum Dünger für Pflanzen zerfällt und ein Glied in der natürlichen Nahrungskette schließt. Das heißt, Leben bedeutet immer Schöpfung, die im Werden begriffen ist, die sich immer neu entfaltet. Jeder Atemzug bedeutet einen neuen Aufschwung, jeder Herzschlag bedeutet neue Energie. Die alten Muster werden ständig neu geschaffen, in jedem Augenblick wieder zum Leben erweckt, wobei jeder Augenblick anders ist als der vorherige. Diese Erneuerung ist das Wunder schöpferischen Tuns.

Jeder Morgen bringt neue Freude oder neuen Schmerz. Jede Erfahrung bringt neues Lernen. Unsere Erwartungen, unser Festhalten an alten Denk- und Handlungsmustern sorgen für Leid, da so unsere Wahrnehmung des gegenwärtigen Augenblicks blockiert wird, sei er nun mit Schmerz oder Freude erfüllt. Aufgrund dieser geminderten Wahrnehmung, die durch Erinnerungen und Phantasien, durch Vergangenheit und Zukunft getrübt ist, können wir das Wunder schöpferischen Tuns nicht wahrnehmen. Dieses Wunder ist immer etwas Neues, beseelt jede Zelle unseres Körpers, jedes Atom im Universum. Dieser unaufhörliche Wandel, dieses ewige Fließen des Universums ist das Wunder schöpferischen Tuns. Es ist immer in Bewegung, ein dynamisches Fließen, dem weder die Zeit noch das Denken Einhalt gebieten kann. Der Fluss unserer Gedanken und die Wahrnehmung der Zeit schaffen neue Überzeugungen, die das Wunder schöpferischen Tuns blockieren. Unsere Überzeugungen nehmen wir als etwas Stagnierendes und Statisches wahr, da der Geist in bekannte Muster zurückfällt, sich an der Vergangenheit festhält und die Zukunft nicht kennt.

Jedes Vogelgezwitscher, jede Blume, die duftet – das Kommen und Gehen und jeder Sonnenauf- und Sonnenuntergang –, sind Zeichen für das Wunder der Schöpfung. Zu diesem Wunder gehört die Zerstörung des Alten und die Schaffung des Neuen. Diese unaufhaltsame Bewegung der Energie und Intelligenz ist das ständig neue Wunder der Schöpfung.

Einem Kind bereitet es große Freude, etwas Neues hervorzubringen, aber auch, etwas zu zerstören. Das sind die zwei Seiten der gleichen Medaille. Ein Kind malt und zeichnet gern, baut gerne etwas und zerstört es wieder. Jede seiner Handlungen zeichnet sich durch aufgeregte Neugier aus, durch die Erforschung eines unbekannten Reiches, es geht um die Entfaltung von Neuem, um die Freude und um das Wunder des Entdeckens und Neuschaffens. Während wir heranwachsen, wird diese

Kreativität, die Fähigkeit, am schöpferischen Prozess teilzunehmen, oft durch unsere Erziehung, durch das Erlernen mechanischer Muster, durch die Notwendigkeit, sich anzupassen, den Überlebenskampf und durch den Druck der Gesellschaft gehemmt.

Die Herausforderungen und Kämpfe des täglichen Lebens – für den eigenen Lebensunterhalt sorgen, unsere täglichen Bedürfnisse befriedigen – bestimmen das Leben der meisten von uns über viele Jahre hinweg. Der Kampf ums Überleben ist ein integraler Bestandteil des Lebens. Wir müssen aber darauf achten, dass unsere Lebensinstinkte nicht die Fähigkeit überlagern, mit Freude am schöpferischen Prozess teilzuhaben. Wir dürfen nicht vergessen, was leben heißt, während wir den Kampf ums Überleben führen.

Der verzweifelte Versuch, etwas zu erreichen, der Kampf um Anerkennung überlagert oft unsere natürliche Kreativität, unsere Spontaneität und die Freude am schöpferischen Tun. Da wir Teil einer Gesellschaftsordnung sind, laufen wir ständig Gefahr, von Lebens-, Denk- und Handlungsmustern geprägt zu werden. Die überwältigende Zahl jener, die sich anpassen, und die stereotypen Muster, denen sie folgen, könnten bei der Herausbildung individueller Potenziale und kreativer Akte ein ernstes Hindernis darstellen.

Doch wenn wir unser tiefstes Selbst entdecken und dabei bleiben, wenn wir die Tür zu unserem unendlichen Potenzial aufstoßen, wenn wir die weggesperrte Pracht in uns zur Blüte bringen, wenn wir die Quelle der

Liebe und Glückseligkeit, des Friedens und Mitgefühls und der Freude in uns entdecken wollen, müssen wir heldenhaft kämpfen. Um gegen den starken Strom der natürlichen und gesellschaftlichen Konditionierung anzuschwimmen, brauchen wir jedes Gramm Kraft und Energie, jeden Augenblick der Wachsamkeit und Bewusstheit in uns. Es geht dabei nicht nur darum, die uns durch die Gesellschaft oder äußere Umstände aufgezwungenen Konditionierungen hinter uns zu lassen, sondern auch unsere eigenen Überzeugungen und Erinnerungen, das Primat unserer eigenen Erfahrungen und unserer eigenen Vergangenheit.

Wir müssen die Schranken der Vergangenheit, das heißt unsere Erinnerungen und Hoffnungen, die nur in der Einbildung existieren, überwinden. Wir müssen innehalten auf unserem Weg angelernter Überlebensstrategien und die Welt und uns selbst mit neuen Augen betrachten. Ohne Etikettierung und ohne zu verurteilen müssen wir uns in völliger Stille unserer selbst bewusst werden, so wie wir sind. Haben wir diese Bewusstheit, diese Einsicht erreicht, können wir die zeitlose Freude am schöpferischen Sein in vollen Zügen genießen.

ESSAY 27

Distanz zum Ergebnis

Von der Geburt bis zum Tod sind wir ständig am Machen und Tun. Körper, Seele und Geist sind pausenlos im Einsatz – wir tun etwas, suchen etwas, streben nach etwas. Wonach streben wir? Wir streben danach, unsere diversen Bedürfnisse zu befriedigen. Wir erstreben die Erfüllung unserer Wünsche und unserer Träume. Doch am meisten streben wir danach, unsere eigene Vollkommenheit zum Ausdruck zu bringen. Tief in jedem Menschen stoßen wir als Substrat unserer Bewusstheit auf Glückseligkeit, Freude und Erfüllung – eine Glückseligkeit, die jenseits dessen ist, was wir beschreiben und uns vorstellen können. Hier finden sich Bewusstheit und Kreativität, die sich mit nichts vergleichen lassen. Da es sich dabei genau um die Vollkommenheit handelt, die unseren verborgenen Schatz darstellt, da dieses Unbekannte die Quelle unserer Kraft und geistigen Gesundheit, unseres Denkens und unseres Bewusstseins, unserer Einsicht und unseres Verständnisses ist, folgt daraus, dass dies die eingesperrte Pracht ist, die in all unseren Taten zum Ausdruck gelangen will.

Der Impuls zum Denken und Handeln kann tief aus uns selbst kommen. Wünsche verschiedener Art, Träume und Hoffungen, Energie und Intelligenz sorgen dafür, dass Denken und Handeln Schwung erhalten. Tiefe und Komplexität widersetzen sich der Identifizierung und Beschreibung. Trotzdem erleben wir uns jenseits dieses Irrgartens der Kräfte und des Fließens als ständiger Beobachter, als beständige Identität.

Diese außerordentlich wichtige und mächtige Basis unseres Lebens wird durch das einfache Wort „Ich“ charakterisiert. Sie bleibt die einzige Konstante in unserem gesamten Leben. Dennoch bringen wir es nicht fertig, ihr Wesen und ihre Quelle zu identifizieren.

Paradoxa gibt es in unserem Leben offenbar im Überfluss. Inmitten dieser Paradoxa verstecken sich Türen zu Einsicht und Verständnis und zu Wahrheiten, auf die das Denken keinen Zugriff hat. Das Auge nimmt die ganze Welt, nicht aber sich selber wahr. Das ganze Leben hindurch atmen wir, nehmen aber kaum Notiz davon. Das gesamte Drama unseres Lebens spielt sich auf einer Bühne namens „Ich“ ab. Dennoch sehen wir den Boden nicht, auf dem wir wandeln. Es gibt da wohl einen blinden Fleck im Zentrum unseres Bewusstseins der Welt und unserer selbst. Dieser blinde Fleck, die Wurzel der Ignoranz und Vielschichtigkeit, ist ein getrenntes Bewusstsein der Identität „Ich“.

Das ist das Paradoxon. Die Selbstidentität „Ich“ ist etwas Konstantes. Sie lässt sich nicht leugnen, bildet die Basis unseres Lebens, Denkens und Handelns. Doch in ihrer natürlichen Form, so wie sie sich in den meisten von uns manifestiert, hat sie etwas Polarisierendes und verursacht ein Gefühl der Getrenntheit. Unsere Identität wird von Bezeichnungen und Formen bestimmt und daran festgemacht. Dabei setzen wir fälschlicherweise das Unendliche mit dem Endlichen, das Dauerhafte mit dem Vergänglichen, das Unwandelbare mit dem Veränderbaren gleich. Es ist die fälschliche Gleichsetzung, verursacht durch Überlagerung, unseres

Körpers mit der Basis unserer Existenz und unseres Bewusstseins. Es ist wie mit der Auffassung, der dem Geld innewohnende Wert werde durch ein Stück Papier repräsentiert und nicht durch die von der Regierung gewährte Garantie dafür. Es ist eine falsche Gleichsetzung und ein Missverständnis. Vom Standpunkt des alltäglichen Lebens aus betrachtet, könnte unser Verständnis als richtig erscheinen. Körperlich gesehen, vom sinnlich Wahrnehmbaren aus betrachtet, so wie wir uns selbst im Verhältnis zur Welt und zu anderen wahrnehmen, sind wir getrennte Wesen. Von Standpunkt des Sehens, des Berührens aus gesehen, sind wir getrennt. So ist das von Geburt an bis zum Tod. Doch sind wir wirklich nicht mehr als unser Körper?

Ist die Glühbirne dasselbe wie der elektrische Strom, der sie zum Funktionieren bringt? Im Sinne des täglichen Gebrauchs und der damit verbundenen Erfahrung sind Quelle und Ding eine Einheit. Doch kann eine Glühbirne ersetzt werden durch eine neue, und man erzielt denselben Effekt. Fehlt jedoch die Kraftquelle, erreicht man mit noch so vielen Glühbirnen nichts. Die Quelle kann nicht ersetzt werden. Das Instrument des Ausdrucks ist endlich und ersetzbar. In ähnlichem Sinne handelt es sich bei der Quelle unserer Identität und unseres Bewusstseins um ein unbegrenztes, ungeteiltes Bewusstsein. In seiner Bandbreite umfasst es das ganze Leben. Die Freuden und Leiden eines anderen sind naturgemäß unsere eigenen. Die essentielle Einheit allen Lebens ist eine Tatsache. Wir verwechseln die Quelle mit dem Instrument des Ausdrucks, da wir unser Leben lang beide immer als Einheit wahrnehmen. Wir verwechseln den

Körper mit dem ihm innewohnenden Bewusstsein. Inmitten dieses beständigen und universellen Irrglaubens erinnert uns der Tod immer wieder daran, dass die Tatsachen eine andere Sprache sprechen. Wie kann sich der Taube oder Blinde ständig wiederkehrende Gedächtnisstützen zunutze machen? Unsere Ignoranz gehört uns. Sie wohnt in uns, unabhängig von der geschichtlichen Epoche, in der wir leben, von unserer Nationalität, unserem Geschlecht oder Alter, von unserer Religion, Bildung und Volkszugehörigkeit. Unser wahres Selbst zu entdecken, die Luftblase einer falschen Identität platzen zu lassen, die Illusion einer getrennten Identität und Existenz fallen zu lassen, ist die einzige Möglichkeit, um uns vollständig und bedingungslos von den Ergebnissen unserer Handlungen zu lösen.

Das Typische am Leben sind die Hochs und Tiefs, Siege und Niederlagen, Erwartungen und Enttäuschungen. Das Beste aus unseren Fähigkeiten zu machen, hoffnungsvoll und mit hohen Erwartungen, und uns dann von den Ergebnissen zu distanzieren ist unmöglich und gefährlich, um es milde auszudrücken. Es ist, als würde man einen Wagen bei hoher Geschwindigkeit sofort zum Stehen bringen. Er könnte sich überschlagen und schwer verunglücken. Dementsprechend ist die Distanzierung von den Folgen ein Ding der Unmöglichkeit, es sei denn, man hat sich eine distanzierte Einstellung zum Leben zur Gewohnheit gemacht. Grundlage dafür ist das vollständige und klare Erkennen der Tatsache, dass wir das Ergebnis einer Handlung nicht immer unter Kontrolle haben. Es gibt unzählige Variable, die das Ergebnis einer beliebigen Situation bestimmen. Da wir uns damit beschäftigen, welche Bemühungen zum erwünschten Ergebnis führen sollen, sollte der Schwerpunkt unserer Aufmerksamkeit ausschließlich auf der Erfüllung unserer Rolle liegen. Dem Ergebnis schenken wir keine Aufmerksamkeit. Wir verschwenden keine Zeit auf Vorbereitungen für die Zukunft. Wir verschwenden keine Zeit darauf, Vergangenes zu bedauern. Wir bleiben zentriert im gegenwärtigen Augenblick und distanzieren uns von Dingen, die wir nicht beherrschen und die unsere Aufmerksamkeit sowieso nicht verdienen. Unsere Freuden und Leiden stehen häufig für die Tyrannei der Vergangenheit und für Illusionen über die Zukunft. Es könnte sich dabei lediglich um konditionierte Reaktionen und unsere Reaktionen auf erinnerte Eindrücke handeln. Wir erinnern uns an lustvolle Momente und sehnen eine Wiederholung herbei. Wir erinnern uns an schmerzvolle Erfahrungen und wollen dem ausweichen. Unsere Wahl im Hier und Jetzt, falls sie auf Erinnerungen und Phantasien beruht, könnte dem momentanen Augenblick unangemessen sein. Unsere Distanz vom Ergebnis bringt uns in den momentanen Augenblick zurück, der frei von den Projektionen des Denkens ist.

Distanziert zu bleiben, ist keine Fähigkeit, die sich im Handumdrehen bewerkstelligen lässt. Diese Vorstellung wäre ebenso töricht wie der Versuch, den Regenbogen einfangen zu wollen. Distanziertheit ergibt sich als natürliche und angemessene Folge auf klares und völliges Verstehen einer Tatsache: manche Dinge können wir beherrschen, andere nicht. Darüber hinaus hat Distanziertheit überhaupt nichts mit Gleichgültigkeit gemein, auch wenn es oberflächlich betrachtet Ähnlichkeiten geben mag. Wer die Einstellung hat, jeden Augenblick des Lebens so zu nehmen, wie er kommt, verhält sich anders als jemand, der seinen Pflichten und Verpflichtungen gegenüber gleichgültig ist. Distanziertheit bedeutet, sein Bestes in jeder beliebigen Situation gegeben zu haben, das anzunehmen, was gerade ist, die Realität des Lebens zu akzeptieren. Daraus erwachsen unter Umständen ein besonderer Friede, besondere Freude, Mitgefühl und Verständnis, Liebe und Zufriedenheit. Das ist ein unbezahlbarer Schatz. Doch leiten kann uns nichts anderes als unser tiefstes Selbst. Die Reise der Selbstentdeckung ist unsere ureigene, wir machen unser Bett selbst, in dem wir dann liegen werden.

ESSAY 28

Denken und Vertrauen

Der Mensch ist ein denkendes Wesen. Möglicherweise ist der moderne Mensch gar ein Opfer der Krankheit des zwanghaften Denkens geworden. Unser Problem besteht nicht in der Unfähigkeit zu denken, unser Problem ist, wie wir aufhören können zu denken. Gewohnheitsmäßiges, stumpfsinniges Denken, das sich ständig wiederholt, ist ermüdend und zeitigt keine Ergebnisse. Es ist intelligenzlos und stagnierend und beruht auf starren Überzeugungen und Ideen. Und was das Entscheidende ist, es ist die Folge eines stagnierenden Selbstbildes, an das wir uns klammern. Unter Umständen halten wir an vergangenen Ruhm oder an Projektionen fest, um uns wertvoll erscheinen zu lassen. Klammern ist eine Haltung aus der Vergangenheit und rührt aus der Angst. Wir halten an etwas fest, wenn wir das Ungewisse und Unbekannte fürchten. Die Bewegung des Lebens ist immer etwas Ungewisses, bedeutet immer die Entfaltung des Unbekannten. Das heißt, wenn wir Angst vor dem Ungewissen und Unbekannten haben, fürchten wir eigentlich das Leben. Wenn die Angst zu unserer Lebensgrundlage wird, machen sich Friede, Erfüllung und Freude aus dem Staub. Unser ganzes Denken wird sinnlos und kontraproduktiv, es ermüdet und frustriert uns. Es wird zur Last, da wir in Mustern gefangen bleiben, die nirgendwohin führen. Wir stecken in einem Loch fest, graben aber unermüdlich weiter. Wir müssen mit dem Denken aufhören, um zur inneren Ruhe zu finden.

Wenn es uns gelingt, innerlich völlig ruhig zu werden und bei dieser Ruhe zu bleiben, spüren wir im Hier und Jetzt plötzlich die Frische des Lebens wieder. Mutig und gelassen begegnen wir großen Herausforderungen. Das Leben gewinnt an Intensität und Erfüllung, weil wir im gegenwärtigen Augenblick zentriert sind. Wir sind empfänglich für das Neue und reagieren darauf. Durch diese innere Ruhe erkennen wir das Leben, wie es ist: ein nie endendes Fließen. Abgenutzte Vorstellungen und Ideen können wir nun loslassen. Die blockierten Ecken unseres Denkens sind wieder frei geworden. Dem Licht zeitlosen Bewusstseins haben wir Zugang gewährt, um uns zu heilen. Dazu bedarf es keiner Technik. Wir müssen lediglich in dieser inneren Ruhe verharren, denn das ist unser natürlicher Zustand. Doch die Gewohnheit des zwanghaften Denkens hat uns dahin gebracht, natürliche Dinge in uns wie Liebe, Friede und Freude einfach zu übersehen. Alle Techniken dienen somit gewissermaßen dazu, die Zwiebel der Konditionierung zu häuten. Sie zielen darauf ab, uns in einen Zustand unkonditionierter Bewusstheit zurück zu versetzen.

Auch wenn wir es vielleicht nicht erkennen und nicht darüber reden, auch wenn wir es nicht einmal uns selbst zugestehen oder gar nichts davon wissen, der größte Feind auf unserem Weg der Selbstentdeckung sind wir selbst. Der Grund: Wir klammern uns hartnäckig an die Vergangenheit, an starre Vorstellungen und Denkmuster. Der Denker, der im Trott stumpfsinniger gewohnheitsmäßiger Denkmuster gefangen ist, lebt in der Vergangenheit, hängt an einem statischen Selbstbild fest. Die Vergangenheit verleiht uns Identität. Die Vergangenheit steht für das uns Bekannte. Das Bekannte gibt uns Sicherheit, wie armselig diese

Sicherheit auch sein mag. Die meisten Menschen haben Angst, den Sprung ins Ungewisse und Unbekannte zu wagen. Also klammern wir uns an die Vergangenheit, an ein belangloses Selbstbild, das seine Wurzeln in der Vergangenheit hat. Wir müssen aus dem selbst gegrabenen Loch herausspringen. Weder Logik noch Vernunft helfen dabei weiter, denn unser Denker hängt in der Vergangenheit fest. Starre Vorstellungen blockieren ihn. Es erfordert Kraft und Mut, um uns zu befreien, die Freiheit willkommen zu heißen. Und zwar nicht in ferner Zukunft, sondern hier und jetzt. Wir müssen erkennen, dass uns das gewohnheitsmäßige Denken auf der ständig im Wandel begriffenen Reise durchs Leben keine neue Richtung, keinen Sinn zeigen kann. Es gilt, jenseits des Denkens und der Zeit das Licht des zeitlosen, unkonditionierten Bewusstseins wiederzuentdecken. Dazu ist es erforderlich, aus dem von uns selbst gegrabenen Loch zu springen, in das wir durch stumpfsinnige Denkmuster auf der Grundlage eines belanglosen Selbstbildes und starrer Vorstellungen, beschränkter Ideen und verzerrter Wahrnehmungen, Vorlieben und Abneigungen, Stolz und Vorurteilen und vor allem eines blinden Egoismus geraten sind. Es bedarf eines gewaltigen Befreiungssprungs. Die dafür nötige Energie findet sich jenseits des Einflusses von Denken und Zeit. Diese Energie hat ihre Wurzeln im zeitlosen Bewusstsein, ein Zustand, dem Angst und Zweifel fremd sind. Dieser Sprung aus der Verwirrung in die Klarheit, aus Zweifel und Verzweiflung in Vertrauen und Optimismus, aus der Entfremdung in die Integration, aus dem Schmerz in die Freude bedeutet einen Vertrauenssprung.

Es handelt sich dabei um einen Vertrauenssprung, und Vertrauen geht über Vernunft hinaus. Dahinter steht die Überzeugung, dass es nichts zu fürchten gibt. Vertrauen muss zwar auf Vernunft basieren, dann aber darüber hinausgehen, denn es handelt sich dabei um einen Überbau. Der Überbau des Vertrauens basiert auf der stabilen Grundlage der Vernunft. Es geht nicht darum, die Vernunft, den gesunden Menschenverstand aufzugeben, sondern darum, den Mut aufzubringen, darüber hinauszugehen, auf den Resultaten der Vernunft aufzubauen. Ein Vertrauenssprung bedeutet, die Möglichkeit zu Vollkommenheit, endloser Freude und einem sinnvollen Leben nicht auszuschließen. Hinter ihm steht die Überzeugung, auch bei widrigen Umständen nicht aufzugeben. Dieser Sprung ist der Triumph des Mutes, der von weit jenseits normaler Wahrnehmung kommt. Er ist die Vision der Vollkommenheit, der über die Hässlichkeit des Lebens hienieden hinausblicken kann. Er bedeutet die Weigerung, der Verzweiflung, Niederlage, Hoffnungslosigkeit, sinnloser Gier und Angst, Konflikten und dem Hass anheim zu fallen. Dieser Vertrauenssprung ist die Entscheidung für geistige Gesundheit und Gleichheit, für Frieden und Einheit, auch wenn nichts dafür zu sprechen scheint. Diese Überzeugung wurzelt in ungewöhnlicher Einsichtsfähigkeit und im Verständnis universeller Gesetze und der unausweichlichen Vergänglichkeit jeder Situation. Vertrauen ist der Anker in der stürmischen See des Lebens. Wenn das Denken ein imposantes Schiff darstellt, das im schweren Sturm untergeht, so überlebt das Vertrauen auch die schlimmsten

Situationen. Vertrauen bedeutet die Weigerung, vor den Schwierigkeiten des Lebens die Segel zu streichen.

Während uns das Denken aufwühlt, bedeutet Vertrauen Rückzug in die Stille. Während das Denken für den Lärm des Tages steht, bedeutet Vertrauen die Stille der Nacht. Das eine steht für Aktivität, das andere für Passivität. Vertrauen und Denken sind die beiden Flügel des Vogels der menschlichen Bewusstheit. Mit nur einem Flügel fliegt es sich schlecht. Wenn wir das Denken glorifizieren und auf das Vertrauen herabsehen, brechen wir dem wunderbaren Vogel des menschlichen Bewusstseins einen Flügel. Doch ein Vogel mit nur einem Flügel kann nicht fliegen, und mag er noch so prächtig und majestätisch sein. Der Geist braucht Ruhe, um Ausgeglichenheit und Einsichtsfähigkeit, Klarheit und Perspektive zu gewinnen. Nur Vertrauen kann uns dazu bringen, uns in die Stille zurückzuziehen und dort zu verharren. Vertrauen ist die Kraft der Liebe, und Liebe ist Ausdruck unserer essentiellen Einheit. Zur Liebe gelangt man nicht durch logische Schlussfolgerungen. Liebe ist etwas Unmittelbares, sie ist Vertrauen in Aktion.

Denken ist nutzlos, wenn es nicht zu bestimmten Handlungen führt. Es ist nur ein Zeitvertreib des Geistes, bestenfalls ein Blendwerk der Täuschung, wie eine Fata Morgana in der Wüste. Das Leben will gelebt werden, in seinen freud- und leidvollen Augenblicken, inmitten unserer Triumphe und Niederlagen, unserer Probleme und Schwierigkeiten, inmitten von Ungewissheiten und Unwägbarkeiten. Dazu brauchen wir mehr als alles andere solides Vertrauen und entschiedenes Handeln. Das Denken mag ein hell leuchtender Stern am fernen Horizont sein, aber Vertrauen ist der Boden, auf dem wir stehen und gehen.

ESSAY 29

Lässt sich Frieden durch Anstrengung erreichen?

Seit Jahrhunderten schon erhebt der Mensch den Frieden zum Ideal und herausgekommen ist Krieg. Aus dem, was wir wissen, aus unseren Vorstellungen und Erinnerungen stellen wir Ideale auf. Dieses Ideal, das nichts weiter als eine statische Vorstellung darstellt, ist nicht dazu angetan, den sich ständig wandelnden Herausforderungen der dynamischen Bewegung des Lebens Genüge zu leisten. Wir haben uns Organisationen und Institutionen geschaffen, die angeblich allesamt dazu da sind, Frieden zu schaffen. Doch die Individuen, die Gruppen und Völker an der Spitze dieser Organisationen – haben sie wirklich den Frieden im Sinn? Wollen uns jene, die den Krieg befürworten, wirklich den Frieden bringen? Nehmen nicht gerade jene Begriffe wie weltweite Abrüstung und Frieden in den Mund, die sich zunächst selbst bis an die Zähne bewaffnen und dann daraus ihre Staatseinkünfte erzielen wollen? Kann der Frieden durch jene erreicht werden, die selbst weit entfernt sind von jedweder Friedfertigkeit? Und lässt sich Frieden überhaupt durch Anstrengung erreichen, auch wenn diese noch so hehr und erhaben ist? Ist der Frieden ein Zustand, der sich durch Planung und Anstrengung, durch Technik und Strategien, durch Überredung und Ideologie erreichen lässt? Für mich erscheint das höchst unwahrscheinlich.

Frieden herrscht, wenn wir uns friedlich verhalten. Betrachtet man das Leben, wie es ist, so ist Frieden auf immer und ewig mit Konflikt verbunden. Ja, es handelt sich um die beiden Seiten derselben Medaille. Es gibt

Zeiten des Friedens und Zeiten des Krieges. Es gibt Zeiten, da sind wir glücklich, und Zeiten, da sind wir unglücklich. Können wir beim Betrachten einer Rose sagen: Ich möchte nur die Blüten haben, aber keine Dornen? Können wir guten Gewissens behaupten, dass Dornen etwas sind, von denen Rosen ein für allemal befreit werden sollten?

Ideale sind Einladung und Weg in die Heuchelei, denn ein Ideal wird wichtiger als die Tatsachen selbst. Das Statische und Stagnierende wird wichtiger als das immer Neue und Dynamische. Die Vorstellung wird von Augenblick zu Augenblick wichtiger als die Realität. Die Schaffung des Ideals ist der Anfang vom Konflikt. Wenn wir mit allen Mitteln ein Ideal anstreben, geraten wir in die Polarität zwischen dem, was wir sind, und dem, was wir sein wollen. Dann haben wir eine polarisierte Welt mit jenen, die für den Frieden, und jenen, die gegen den Frieden sind. Im Grunde ist es ganz einfach: Jeder von uns strebt nach Glück und Zufriedenheit. Mögen die Wege dorthin auch unterschiedlich sein, aber gemeinsam ist uns allen der Hunger nach Glück und Zufriedenheit. Doch durch die Fähigkeit zu denken wird die Sache kompliziert und es entstehen konzeptuelle Schubladensysteme. Wenn wir dem Schatten mehr Bedeutung beimessen als der Sache an sich, schaffen wir die Antithese dessen, was wir vorgeben zu wollen. Unsere Vorstellungen von Frieden erzeugen Krieg. Ist es nicht eine Ironie des Schicksals, dass wir uns für den Krieg entscheiden, um Frieden zu schaffen? Allein schon diese Tatsache unterstreicht die Heuchelei und Oberflächlichkeit menschlicher Bemühungen und Weisheit. Frieden gibt es dann, wenn wir selbst friedfertig sind, und friedfertig sind wir, wenn wir keinem Ideal nachjagen. Ideale, Vorstellungen und Konzepte entfernen uns von den Tatsachen und schaffen Konfliktsituationen. So entsteht die Kluft zwischen dem, was wir sind, und dem, was wir gerne wären. Es führt zu Etikettierung und Urteil. Es führt zu Meinungsverschiedenheiten und getrennten Wegen. Das Etikett Frieden wird zur Einladung zum Krieg.

Wenn Frieden nur durch Friedfertigkeit zu bewerkstelligen ist, wie können wir friedfertig werden? Warum sind wir nicht friedfertig? Die Natur basiert auf dem dynamischen Zusammenspiel von einander entgegenwirkenden Kräften. Tag und Nacht, die Jahreszeiten, Hitze und Kälte, Licht und Dunkel – diese Gegensatzpaare bestimmen und gleichen einander aus im ausgeklügelten Rhythmus, den die Natur darstellt. Von daher ist es eine absurde Vorstellung, Konflikte ausschalten zu wollen, weil dieser Versuch auf verzerrter Wahrnehmung beruht. Bestenfalls ist es eine absurde Vorstellung, schlimmstenfalls die schrecklichste Form der Heuchelei. Unsere Empfindungen, Gefühle und Gedanken sind ständig im Wandel begriffen. Unsere Reaktionen auf eine sich verändernde Umgebung sind nicht immer die Folge sorgfältiger Überlegungen und ausgewogenem Denken, und das sollen sie auch gar nicht sein. Von entscheidender Bedeutung ist jedoch, dass wir jeden Augenblick unseres Lebens uns unserer selbst bewusst sein müssen. Wenn wir wütend sind, sind wir uns unserer Wut bewusst. Wenn wir traurig sind, sind wir uns unserer Traurigkeit bewusst. Wenn wir glücklich sind, sind wir uns unseres Glücks bewusst. Ein solcher Zustand bedeutet Freiheit. Lässt die

Bewusstheit nach und interveniert das Denken, etikettieren und bewerten wir. Wir errichten ein Ideal. Wir erleben Wut, nennen sie aber Handlung. Wir erleben Schmerz, nennen ihn aber Ungerechtigkeit. Indem wir etikettieren, denken und bewerten begeben wir uns in einen Zustand der Nicht-Bewusstheit, des Nicht-Annehmens der Dinge, so wie sie sind, und auch uns nehmen wir nicht mehr so, wie wir sind. Wir sind weder bedeutend noch unbedeutend, weder vornehm noch ungehobelt. Vielmehr kennt jeder Augenblicke, in denen er sich als vornehm oder ungehobelt, bedeutend oder unbedeutend, großzügig oder geizig erlebt. Das ist eine universelle und dynamische Erfahrung. Deshalb ist niemand bedeutend oder unbedeutend, und niemand hat das Recht, einen anderen zu beurteilen. Doch mit Hilfe von Definitionen und Maßstäben, Idealen und Wertvorstellungen sitzen wir über andere zu Gericht. Wir wandeln einen Gartenweg entlang, der uns selbst in Gefahr bringt. Wir wandeln auf dem Pfad hehrer Ideale und schaufeln unser eigenes Grab. Wir führen den Frieden im Munde, sind aber von Konflikt und Krieg zerrissen. Wir schlittern in die Nicht-Bewusstheit und weigern uns, den Tatsachen ins Auge zu blicken. Der Hochstapler wird mit dem König verwechselt. Das Denken wird auf den Thron gesetzt, obwohl das Bewusstsein den Raum verlässt.

Frieden ist kein Reiseziel. Er ist ein Zustand, der im Zuge eines natürlichen, wechselnden Rhythmus in uns entsteht und wieder verschwindet. Der Frieden in uns ist ein Zustand, der kommt und geht, und dasselbe gilt für den Konflikt. Sind wir in der Lage, beide Zustände zu erkennen und einfach in ihnen zu verharren? Sind wir in der Lage, in Ruhe und

Bewusstheit zu verharren, einfach zu beobachten, während wir friedfertig oder aggressiv sind? Können wir in einem Zustand völliger Bewusstheit sein und unsere Gefühle zulassen, so wie sie gerade auftauchen, ohne in die Verleugnung oder Rechtfertigung abzugleiten? Wenn wir uns in jedem Augenblick bedingungslos so nehmen können, wie wir gerade sind, hört der Konflikt auf. Dieser Zustand der bedingungslosen Hingabe an die Realität, so wie sie gerade ist, bedeutet Bewusstheit, Verständnis, Freiheit und Freude. Wir erleben eine unbeschreibliche Erfüllung und Ekstase. Wir sind friedfertig, sobald wir begriffen haben. Verständnis sorgt für Konfliktfreiheit, und dieses Verständnis entsteht, wenn das Bewusstsein nicht mehr mit Gedanken befrachtet ist.

Somit ist der größte Feind des Friedens das Ideal des Friedens. Das Etikett des Friedens ist der Auslöser für den Krieg. Unsere Ideale sind respektable Masken für unsere Unzufriedenheit, unsere Etikettierungen und Bewertungen. Frieden entsteht aus der Fähigkeit zur Friedfertigkeit, nicht durch laute Proklamationen und vollmundiges Geschrei. Letzteres ist nämlich eher ein Zeichen innerer Zerrissenheit, der Angst und Sorge und unserer Neigung zum Krieg. Unsere Definitionen des Friedens sind kein Friede. Da es unzählige Definitionen davon gibt, streiten wir uns lediglich über Begriffe, die kaum eine Bedeutung haben. Wir streiten über Ideologien, die lediglich im Kopf existieren. Somit wird klar, dass es unsere Auffassungen sind, die Uneinigkeit und Kontroversen hervorrufen. Die Tatsache, dass wir uns selbst nicht so annehmen, wie wir sind, dass wir unsere Unzufriedenheit und Konflikte verleugnen, schafft Konflikte im Außen. Unsere innere Unzufriedenheit gebiert Vorstellungen von Frieden. Diese Vorstellungen rufen Kontroversen, Konflikte und Kriege hervor.

Ideale blockieren das Bewusstsein und die Freiheit, denn sie sind ein Produkt des Denkens. Das Denken ist eine Ansammlung statischer Auffassungen, kristallisierter Eindrücke und Erinnerungen, es ist Ergebnis dessen, was wir gehört und gesehen und gelernt haben, was uns beigebracht worden ist. Friede ist immer etwas Neues, keine tote Vorstellung. Das immer Neue kann kein Produkt der stagnierenden und toten Vergangenheit sein. Krampfhafte Bemühungen sind der Beginn des Konflikts. Die Konflikte in der Welt sind eine Spiegelung unserer inneren Konflikte, der Konflikte in unserem Denken. Frieden entsteht durch Spontaneität und ruhige Ausgeglichenheit. Er entsteht, wenn wir uns unserer selbst sowohl in unserer Friedfertigkeit als auch in unserer Gewalttätigkeit vollständig bewusst werden. Bewusstheit erleichtert tiefes Mitgefühl, Erkenntnis und Verständnis und das bringt Freiheit, Erfüllung, Liebe, Anteilnahme, Frieden und Glück.

ESSAY 30

Sterben lernen

Für die meisten von uns besteht das Leben im wesentlichen aus dem Überlebenskampf, sei es real oder nur vorgestellt. Zunächst geht es ums Überleben und dann sind da die eingefleischten Denk- und Handlungsmuster, die dem Überlebensinstinkt entstammen. Häufig bleiben wir in diesen Mustern gefangen. Wir schleppen oft das Boot noch mit uns herum, nachdem wir den Fluss längst überquert haben. Das Überleben wird zum zentralen Lebensthema, ihm widmen wir unsere ganze Aufmerksamkeit, und es verschlingt unsere ganze Energie. Im Zuge des gewohnheitsmäßigen „Überlebenskampfs“ vergessen wir häufig zu leben. Oft vergessen wir die Liebe und das Lachen oder verlieren sie aus den Augen. Diese Elemente könnten unser Leben verwandeln: aus einer trägen, langweiligen Existenz könnte eine freudvolle und erfüllte werden.

Da liegt es auf der Hand, dass die meisten ihre alten Denk- und Handlungsmuster, die dem Überlebensinstinkt entstammen, wieder verlernen müssen. Wenn nämlich unser Überleben nicht mehr von diesen Mustern abhängt, müssen wir diese ablegen und lernen, wie man lebt. Wir müssen uns von diesen überholten Reaktionsweisen trennen und leer werden, uns befreien von angelernten Auffassungen. Wir müssen empfänglich werden für die uns innewohnende Fähigkeit zu lieben, zu lachen, zu leben. Haben wir uns vom Hintergrund der Erinnerung und Phantasie, der Ängste und Hoffungen befreit, können wir im Hier und Jetzt die Magie von Liebe und Freude erleben, die wir mit anderen teilen.

Doch um das Leben jeden Augenblick neu leben zu können, um jeden Augenblick unvoreingenommen betrachten zu können, müssen wir unseren Geist ständig leer machen, das Alte hinter uns lassen und aufgeschlossen werden für das Neue. Die unendliche Intelligenz, die die gesamte Schöpfung beseelt, kommt andauernd durch ihre Einzigartigkeit zum Ausdruck. Jeder Augenblick zeichnet sich durch außergewöhnliche, einmalige Bedeutung aus. Wollen wir diese begreifen, wollen wir die Magie eines nie endenden Fließens erleben, muss unser Geist unentwegt alte, sich wiederholende, angelernte und eingefleischte Muster zum Sterben bringen. Wer leben lernen will, muss zunächst lernen zu sterben.

In der Regel bedeutet der Tod für uns das Sterben von Materie, des Körpers. Hier zeigt sich, wie unser Leben um das Überleben, um die Sorge für den Körper kreist. Und der Gedanke an den Tod lässt im Kopf Angst entstehen. Wir stellen uns vor, das zu verlieren, was uns gehört. Wir stellen uns vor, von denen getrennt zu werden, die uns nahe stehen, die wir lieben. Wir fürchten die Ungewissheit und das Unbekannte. Der Geist klammert sich an die kümmerliche Sicherheit des Bekannten. Die Beschäftigung mit dem körperlichen Überleben und die Angst des Geistes vor dem Unbekannten behindern unsere Bewusstwerdung. Wollen wir unser tiefstes Selbst, unser Potenzial für endlose Freude, Frieden und Zufriedenheit entdecken, müssen wir die Fixierung auf das Körperliche durchbrechen. Und auch das Bedürfnis nach Gewissheit und die Angst vor dem Unbekannten gilt es zu überwinden.

Wir müssen lernen, unsere Überzeugungen, unsere einschränkenden Auffassungen sterben zu lassen. Wir müssen lernen, unsere Erinnerungen sterben zu lassen, unsere Erfahrungen, die uns konditionieren und fesseln. Wir müssen lernen, unsere Ängste sterben zu lassen, die uns ersticken und uns daran hindern, die eingekerkerte Pracht unendlicher, ungebrochener Bewusstheit zum Ausdruck zu bringen. Wir müssen unsere Hoffnungen, wiedergewonnene Erinnerungen, die Projektionen des Altbekannten, den alten Wein in neuen Schläuchen sterben lassen. Wir müssen unsere tief eingefleischten, belanglosen, sich ständig wiederholenden Denk- und Handlungsmuster sterben lassen. Wir müssen den tief eingewurzelten Glauben an unsere Getrenntheit von anderen Menschen sterben lassen. Wir müssen die Kategorisierung „wir“ und „sie“ sterben lassen.

Wenn wir lernen wollen, mit frischem, leichtem Bewusstsein, ohne Begrenzungen und ohne die Last alter Erinnerungen und Hoffnungen für die Zukunft zu leben, dann müssen wir lernen zu sterben. Wenn wir jeden Augenblick als etwas Neues willkommen heißen, den wir spontan leben, bedeutet das, dass wir im eben vergangenen Augenblick gestorben sind. Während wir das Unbekannte entdecken, stirbt ständig das uns Bekannte. In der Freiheit des Bewusstseins sterben die Grenzen des Denkens in uns. Wenn wir unser tiefstes Selbst annehmen, lassen wir irreale Masken und Bilder in uns sterben. Wenn wir unsere Alleinheit mit der gesamten Schöpfung feiern, sterben in uns die Vorstellungen der Getrenntheit. Wenn wir jeden vergangenen Augenblick in uns sterben lassen, streben wir über die Zeit hinaus. Wenn wir jeden Gedanken in uns sterben lassen, betreten wir das Reich gedankenfreien und zeitlosen Bewusstseins. Wenn wir lernen zu sterben, entdecken wir zeitlosen Frieden, Erfüllung und zeitloses Glück.

KAPITEL 2: LIEBE

ESSAY 31

Warum verlieben wir uns?

Der allgemein verbreitete Begriff „sich verlieben“ oder besser die englische Wendung „falling in love“ scheint intuitiv die Erfahrung eines Zusammenbruchs auszudrücken. Was bricht da zusammen, wenn wir uns „verlieben“? Nun, der Eindruck des Getrenntseins, die Barriere, die Wand unserer eigenen Getrenntheit. Dieser Zusammenbruch der Barriere des Getrenntseins geht Hand in Hand mit einem Hochgefühl der Erregung, mit einer freien Bewegung wie ein Fall, mit einem unbeschreiblichen Gefühl der Ekstase, die Kontrolle verloren zu haben. Und doch ist es eine kraftvolle, angenehme und befreiende Erfahrung.

Im rein körperlichen Sinne erleben wir im Moment des Orgasmus ein Gefühl, unser Getrenntsein zu überwinden, ein Hochgefühl in Bewegung, das uns festhält und das wir nicht kontrollieren können. Dazu kommen ein außergewöhnlicher Rhythmus, Konzentration auf den Augenblick, Intensität und Lust. In körperlicher Hinsicht ist diese Überwindung unserer eigenen Getrenntheit eine befreiende Erfahrung. Wir erleben die Liebe in dem Augenblick, in dem das Ego stirbt.

Beim Sex und bei der Liebe, in Freundschaften, in der Ehe und in der Spiritualität geht es also eigentlich darum, den Zusammenbruch unserer Getrenntheit, das „Fallen“ von Grenzen und das Hochgefühl und das freie Fließen des Gefühls der Einheit, des Gefühls eines ungeteilten Bewusstseins zu erleben, das uns aus dem Gefängnis unseres einsamen getrennten Selbst befreit. Unser Bewusstsein, das keine Grenzen kennt, das im wesentlichen eine Einheit mit dem Bewusstsein anderer Menschen bildet, möchte sich vollständig zum Ausdruck bringen, sich uneingeschränkt manifestieren, frei sein von den Beschränkungen eines getrennten Selbst.

Wenn wir also in den Grenzen einer belanglosen, getrennten Selbstidentität leben, bedeutet das, in einer engen und staubigen Zelle angelernter Vorstellungen zu leben, einer schmerzvollen und verkrampften Existenz, im blockierten Ausdruck des grenzenlosen Bewusstseins, das wir eigentlich sind. Doch keiner von uns kann sein Leben lang der Frosch im Brunnen bleiben. Jeder sucht nach seinem Ausweg, nach einer anderen Strategie, einem anderen Spielplan und nach seiner ganz individuellen Taktik, um die Barriere zu durchbrechen und in die Alleinheit zu gelangen.

Leben heißt, nach Glück und Vergnügen zu streben. Die größte Freude bereitet uns der Zusammenbruch der Barriere der Getrenntheit vom Rest der Schöpfung. Die größte Freude ist das völlige Aufgehen in einer unbeschreiblichen Alleinheit, ein müheloses Fließen des Bewusstseins, das jede Getrenntheit überwindet. Genau nach diesem Lusterlebnis streben wir beim Sex, in der Liebe, Freundschaft oder Ehe.

Gelegentlich werden wir in die Irre geleitet, wenn wir uns einbilden, Geld, Erfolg und Ruhm könnten uns dem Ziel näher bringen, die Barriere der Getrenntheit zu durchbrechen. Doch diese Dinge könnten die Mauern der

Getrenntheit noch höher werden lassen, je nachdem, wie Geld, Ruhm und Wohlstand unser Bewusstsein beeinflussen. All das könnte unser Überleben garantieren und unser Denken dahingehend befreien, die anderen so in uns zu integrieren, dass wir uns als gemeinsames Bewusstsein wahrnehmen. Es könnte aber auch sein, dass die Barrieren zwischen uns und den anderen noch größer werden, dass sie Stolz, Besitzansprüche, Dünkel, Angst und Unsicherheit, ein Gefühl der Überlegenheit oder der Minderwertigkeit hervorrufen, dass wir uns mit anderen vergleichen.

Mir scheint, wir würden gut daran tun, nicht zu vergessen, dass wir alle letztlich nach diesem exquisiten Gefühl streben, das sich einstellt, wenn die Barrieren der Getrenntheit, Isolation und Entfremdung fallen, wenn ein überwältigendes Gefühl der Alleinheit auftaucht, wenn ein ungebrochenes Bewusstsein ohne Schubladen und Einteilungen den Geist erfüllt. Darüber hinaus zeigt die Erfahrung, dass Sex, Alkohol, ausschließliche Beziehungen und materieller Fortschritt zwar Vergnügen bereiten, aber eben nur kurzfristig. Früher oder später holt uns die Isolation unserer getrennten Selbstidentität wieder ein.

Letztendlich ist es nur das völlige Begreifen des Wesens dieser Barriere der Getrenntheit, das Verstehen der Idee einer bestimmten Identität, die unser Leben definiert, uns aber gleichzeitig in der Getrenntheit und Begrenzung gefangen hält, die Erkenntnis der Nutzlosigkeit, Dummheit und Dünkelhaftigkeit dieser Identität, was die Mauern der Getrenntheit für immer einstürzen lässt. Wenn wir die vollständige, bedingungslose

Erfahrung machen, eins zu sein mit der gesamten Schöpfung, dann leben wir für immer in diesem ekstatischen Zustand des „Verliebtseins“.

ESSAY 32

Kann es Liebe ohne Disziplin geben?

Wenn ich heute das eine Mädchen liebe, morgen ein anderes und übermorgen wieder ein anderes: ist das Liebe? Offensichtlich nicht. Es kann eine flüchtige Leidenschaft, Lust, Schwärmerei oder eine momentane Liebelei sein, aber ganz gewiss nicht Liebe. Daher gibt es ohne Disziplin keine Liebe.

Liebe heißt Lernen. Liebe ermöglicht es dem Menschen zu lernen und in seinen Bestrebungen zu Vollkommenheit zu gelangen. In dem Begriff Disziplin steckt das lateinische Wort *discipulus*, der Schüler, der, der etwas lernt. In der Liebe und in der Disziplin steckt also das Lernen. Und im Gegensatz zur landläufigen Auffassung gibt es ohne Disziplin keine Liebe.

Was bedeutet nun Disziplin? In der Regel subsumiert man damit Regeln und Vorschriften, die uns von außen aufgezwungen wurden, einen strengen Lehrer oder Schulleiter, der immer etwas an uns auszusetzen hat und uns in die Pflicht nimmt. Oberflächlich betrachtet stimmt das zwar, aber eigentlich handelt es sich bei Disziplin im tiefsten Sinne um etwas selbst Auferlegtes, um eine selbst auferlegte Beschränkung auf der Suche nach Wissen und Vollkommenheit. Es ist diese selbst auferlegte Beschränkung, die die Konzentration auf das Wesentliche, das sich Einlassen und das Engagement erkennt, die notwendig sind, um Wissen und Vollkommenheit zu erlangen. Es ist die

Auffassungsgabe, mit der wir die Sinnlosigkeit geistiger Ausschweifung und Zerstreuung erkennen können. Disziplin lässt sich und ihre eigenen Energien aus einem Verlangen heraus und durch Engagement brennpunktartig zusammenfließen. Der Durst nach Wissen, das Engagement, Neues zu entdecken, und leidenschaftliches Verstehenwollen sind typisch für den, der die Wahrheit sucht, der wissen will, sind typisch für den Schüler, den Anhänger einer Disziplin. Dementsprechend sind Verlangen, Engagement und Leidenschaft Merkmale der Liebe. Fehlen nachhaltiges Verlangen, Leidenschaft und Engagement, so bleibt die Liebe schwach, eine vorübergehende Liebelei, eine momentane Aufwallung von Lust, eine flüchtige Schwärmerei, Dinge, die verblassen und vergehen. Hier haben wir die drei Merkmale der Disziplin und echter Liebe. Deshalb gibt es ohne Disziplin keine Liebe.

Von außen aufgezwungene Disziplin bedeutet lediglich brutale Gewalt, sie erzeugt Angst, stellt eine Rücksichtslosigkeit dar, die das Verständnis und den Hunger nach Wissen untergräbt. Sie tötet das Verlangen, die Leidenschaft und das Engagement. Sie macht sich die Angst zunutze und erzeugt Frustration und Gleichgültigkeit. Es handelt sich dabei also eigentlich gar nicht um Disziplin, sondern nur um Zwang, Grausamkeit, Rücksichtslosigkeit und blinde Gewalt, als Disziplin verkleidet. Doch das ist keine Disziplin. Im eigentlichen Sinne ist Disziplin etwas aus dem Inneren, etwas selbst Auferlegtes, das sich auszeichnet durch den Willen zum Wissen, leidenschaftliches Verstehenwollen und dem Engagement, Vollkommenheit zu erreichen.

Solche Disziplin ist liebevoll. Ergo gibt es ohne Liebe keine Disziplin und ohne Disziplin keine Liebe. Eines ohne das andere kann nicht erkannt werden. Wir sollten keinen Illusionen nachjagen, uns in Eskapismus ergehen oder uns an sinnlosem Tun ergötzen. Das Verlangen, die Leidenschaft und das Engagement der Liebe erfahren wir erst, wenn wir uns absolut darüber im klaren sind, dass es ohne Disziplin keine Liebe gibt.

ESSAY 33

Gibt es Liebe ohne Engagement?

Kann ich wirklich etwas lieben, wenn ich mich nicht dafür engagiere? Wenn ich mich nicht wirklich hundertprozentig einsetze, körperlich, seelisch und geistig, liebe ich dann überhaupt? Ich kann nicht nach Lust und Laune einer flüchtigen Schwärmerei nachjagen, während ich eine andere und mich selbst verdränge. Ist Liebe nicht mehr als ein Spielzeug, ein schnelles Vergnügen, das kein Engagement verdient? Impliziert die Liebe nicht totales Engagement, eine Hingabe an die Tatsache, gemeinsam durch dick und dünn gehen zu wollen? Natürlich lassen sich weder Liebe noch Engagement erzwingen. Man kann sich nicht zu einem Engagement zwingen und es dann Liebe nennen. Das Element des Zwangs, ganz gleich, ob es auf einem Schuld- oder Pflichtgefühl oder einer äußeren Autorität basiert, ob es aus uns kommt oder von außen, kann nicht Liebe hervorrufen, wo keine ist. Zwang ist die Antithese der Liebe schlechthin und könnte bereits ihr Verschwinden einläuten. Zwang ist sinnlos, Launenhaftigkeit oberflächlich. Für mich impliziert wahre Liebe daher spontanes und absolutes Engagement.

Absolutes Engagement lässt keine Ausflüchte und Ausnahmen zu, weder was Zügellosigkeit und Trivialität noch was Launenhaftigkeit oder gelegentliches über die Stränge schlagen anbelangt. Natürlich stellen Verfehlungen, Irrtümer und die Widrigkeiten des Lebens die wahre Liebe immer wieder auf die Probe. Doch wahre Liebe zeichnet sich aus durch außergewöhnlichen Mut, absolute Ehrlichkeit, ungewöhnliche Disziplin,

Selbstbeherrschung und totales Engagement. All das lässt sich nicht willentlich und durch aufgezwungene Disziplin und Kontrolle ertrotzen, es muss spontan aus der Tiefe des eigenen Selbst kommen, als spontaner Ausdruck dessen, was wir sind.

Äußere Disziplin spielt natürlich im Alltag eine wichtige Rolle. Doch im Hinterkopf können verborgene Ungeheuer lauern, die nur darauf warten, in einem unbedachten Augenblick unsere besten Absichten mit Beschlag zu belegen und zu hintertreiben. Tugendhaftes Verhalten ist oft nur ein Mangel an Gelegenheit, sich in Lasterhaftigkeit zu ergehen. Zwar sind äußere Disziplin und Ordnung wichtig, aber sie haben keinen Vorrang. Von überragender Bedeutung ist Klarheit des Herzens und des Geistes. Von überragender Bedeutung ist, dass Herz und Geist aufgeschlossen sind für unser tiefstes Selbst, also für den Brunnen unendlicher Liebe, Freude, Frieden und Zufriedenheit. Wir müssen mit anderen Worten die Illusion zerstören, dass wir unsere Glückseligkeit im Außen finden, im Rahmen sinnlicher Freuden, körperlicher, seelischer oder geistiger Genüsse. Niemand wird ernsthaft die Rolle, Bedeutung und Gültigkeit dieser Elemente für unser Leben in Abrede stellen wollen. Doch ist ihr Einfluss auf uns begrenzt, ebenso ihre Macht und das Vergnügen, das uns dadurch bereitet wird. Jeder von uns strebt von Natur aus, bewusst oder unbewusst, nach dauerhafter Glückseligkeit und Freude. Jeder Atemzug, jeder Schritt, den wir tun, konzentriert sich absichtlich oder unabsichtlich auf dieses Streben. Dieses Streben ist nie zu Ende, die Reise wird nie beendet, sondern nutzlos sein, wenn wir nicht zu unserem eigenen Selbst zurückkehren, ja, zu unserem tiefsten Selbst, jenseits unserer Wahrnehmung von Teilphänomenen der Welt und unserer selbst.

In absoluter Stille und mit gesammelter Aufmerksamkeit werden wir uns auf uns selbst besinnen müssen, nachdem wir uns von Gedanken, Worten und Taten leer gemacht haben. In dieser absoluten Stille, zu der weder Gedanken, Worte oder Taten, weder Licht und Dunkel, weder Vergnügen und Schmerz noch Freude und Trauer durchdringen können, offenbart sich die unerschöpfliche Glückseligkeit unseres tiefsten Selbst. Der Triumph ewiger Liebe tritt dabei zu Tage. Diese Erfahrung schenkt uns die Pracht und Einheit der gesamten Schöpfung. In dieser Ekstase stoßen wir auf die Quelle aller Tugenden. Im Zustand dieser ungetrübten, höchsten und reinen Glückseligkeit, die spontan entsteht und unser wahres Wesen darstellt, werden Zweifel und Ängste ein für allemal gebannt, so dass unser Leben und unser Geist im Licht tanzen und funkeln werden.

Diese Quelle, unser tiefstes Selbst, ist der Ursprung vollkommener Liebe und Verpflichtung, vollkommener Angstfreiheit und Opferbereitschaft. Deshalb sollten wir uns trotz aller Triumphe und Niederlagen, trotz aller Widrigkeiten des Lebens immer wieder in diese Stille zurückziehen und uns dieser unendlichen Kraft und Intelligenz zuwenden, die unser tiefstes Selbst bilden. Wir müssen nichts weiter tun, als aufzuhören, mit unseren Anstrengungen, Bemühungen und Bestrebungen, die aus der Angst, aus Sorge und komplexem Denken, aus verzerrter Wahrnehmung und verwirrten Gedanken entspringen. Wir müssen nur loslassen und in der Stille verharren. Unsere vorgefertigten Meinungen, wie die Dinge zu sein hätten, bereiten uns endlosen Kummer. Unser Festhalten an vorher festgelegten Ergebnissen macht uns das Leben zur angsterfüllten Qual. Warum tun wir uns selbst weh? Warum stolpern wir immer wieder? Warum führen wir uns selbst in die Irre, warum quälen wir uns unerbittlich selbst, indem wir die Last auf uns nehmen, unser Leben in den Griff bekommen zu wollen? Schlägt unser Herz etwa deshalb, weil wir das so bestimmt haben? Tun unsere Organe etwa deshalb ihren Dienst, weil wir sie unserem Willen unterworfen haben? Atme ich etwa deshalb ein und aus, weil ich das so festgelegt habe?

In jedem Augenblick unseres Lebens werden wir von unserer Selbstidentität gepackt und gnadenlos gequält, von dieser Vorstellung eines getrennten „Ichs", diesem Hirngespinst, dieser Wahnvorstellung der ausschließlichen Identifikation mit dem kläglichen Materiebündel, genannt Körper, um den wir uns sorgen und den wir mit „Ich" gleichsetzen. Der Irrgarten aus Namen, Etiketten, Schildchen und Bildern, alles Dinge, die wir in Verbindung mit diesem ewig in Veränderung begriffenen Körper setzen, quält uns, bringt uns an den Rand der Katastrophe, an die Grenzen unserer Belastbarkeit. Obwohl wir unseren Körper nicht im mindesten beherrschen, nennen wir ihn unser eigen. Auf dieser Wahnvorstellung von „ich" und „mein" baue ich mein Leben auf. Welcher Blindheit gehe ich da auf den Leim? Welcher Schleier fällt immer wieder über meine Augen? Auf welche Weise untermauern meine Gedanken, Worte und Taten diese grundlegend irrige Auffassung? Wie kommt es, dass mein Streben nach Wahrheit und Vollkommenheitsidealen den Stachel nur noch tiefer in mein Fleisch jagt?

Warum tut Liebe so weh? Warum verläuft der Weg wahrer Liebe nie geradlinig? Lauter Fragen, auf die ich keine Antworten habe. All meine Antworten, all meine Klarheit, Stärke, Freude, Weisheit, Einsicht, all meine Verständnisfähigkeit liegen in der totalen und bedingungslosen Kapitulation vor meinem tiefsten Selbst. Denn von dort beziehe ich meine Kraft, mein Atem erhält von dort seine Kraft und seinen Rhythmus, und hier wohnt jeder meiner Herzschläge. In der absoluten Verneinung von allem wie ich es kenne, liegt unendliche Liebe, Freude und Freiheit. In dieser völligen Leere wird mein Becher immer und immer wieder gefüllt. Im Zuge dieser totalen Kapitulation komme ich zu mehr Liebe, Freude, Frieden und Zufriedenheit, zu mehr Glückseligkeit und Ekstase, als ich erbitten kann. Ich verliere mich in der Ekstase der Liebe, bin überwältigt von meinem inneren totalen Engagement. Ich trachte danach, nie wieder im Außen nach diesem unerschöpflichen Schatz zu suchen, der sich doch in mir befindet.

ESSAY 34

Das Bedürfnis nach bedingungsloser Liebe

Wir streben nach Zustimmung, Aufmerksamkeit, Anerkennung, Geld, Ruhm oder wir wollen den eigenen Wert unter Beweis stellen – vor uns selbst oder anderen, bei unzähligen Gelegenheiten. Streben wir damit tief in unserem Herzen nach bedingungsloser Liebe? Sind wir konditioniert worden, um hart zu arbeiten, uns jede erdenkliche Mühe zu geben, um immer nach etwas zu suchen, nach neuen Aufgaben Ausschau zu halten – weil wir Herausforderungen lieben –, um unsere Arbeit zu lieben, den Lebensstil zu lieben, nach dem wir streben, um den Konkurrenzkampf, unsere Tätigkeit, um all das zu lieben, was mit dem Leben zu tun hat? Genießen wir das, lieben wir all das bedingungslos? Kämpfe ich um meine Ehe, weil ich Angst vor der Einsamkeit habe oder liebe ich all das – die Kämpfe und die Triumphe? Plage ich mich ab, um Geld zu verdienen, weil ich Angst vor der Armut habe, oder liebe ich meine Arbeit? **Kurzum, wird mein Leben von der Angst oder der Liebe beherrscht?** Und wird es von Liebe bestimmt, an die Bedingungen geknüpft sind, oder von bedingungsloser Liebe?

Viele von uns beschäftigen sich mit Dingen, um etwas anderes zu erreichen. So kann es sein, dass wir einen Beruf wählen, der nichts als stumpfsinnige Plackerei bedeutet, aber Sicherheit bietet. Oder eine Frau wählt ihren Mann des Geldes wegen. Oder wir wählen einen Freund, weil er uns nützlich sein kann. Oder wir tun etwas nicht ohne Hintergedanken. Der Hintergedanke ist die Wurzel für Liebe, die an

Bedingungen geknüpft ist. Hier liegt auch die Ursache für viele unserer Probleme und Verwicklungen.

Hintergedanken könnten unbewusst sogar bei unseren liebevollsten Beziehungen, sei es als Kinder, Eltern, Ehepartner, ja sogar als Großeltern, eine Rolle spielen. Unter Umständen gefallen wir uns in unserem Dünkel oder es geht uns um Aufmerksamkeit und Zustimmung, um die Bestätigung unseres Selbstwertes, oder wir wollen uns selbst etwas beweisen, unser Bedürfnis nach Gesellschaft stillen oder geliebt werden. Die frühe Konditionierung spielt eine ganz wichtige Rolle hinsichtlich der Art und Weise, in der wir uns in Partnerschaften geben. Womöglich haben wir die besten Absichten und lieben andere ehrlich und tief, und doch kann ein Konflikt entstehen zwischen dem, was wir von jemanden möchten und was diese Person für sich selbst möchte. Konflikte zwischen Ehemann und Ehefrau, zwischen Liebenden, zwischen Eltern und Kindern – immer und immer wieder werden wir in allen Beziehungen dieser Probe unterzogen, bei der es darum geht, bedingungslose Liebe zu suchen, sie zu erreichen und anderen zu schenken. Die Tatsache, dass wir von frühester Kindheit an Bedingungen geknüpfte Liebe erhalten haben, schränkt uns ein und wird zum ernsten Handicap, wenn wir danach streben, bedingungslose Liebe zu erhalten und zu schenken. Es ist ebenso einfach wie entscheidend: Was wir nicht besitzen, können wir nicht verschenken. Wie also soll ich meine Frau, meinen Sohn, meine Eltern, meine Geschwister, meine Kollegen, ja die Menschheit insgesamt –

wie soll ich sie bedingungslos lieben? Das gelingt mir nur, wenn ich mit bedingungsloser Liebe gesättigt und erfüllt wurde, wenn ich überfließe vor bedingungsloser Liebe. Es gelingt mir nur, wenn ich die innere Sicherheit und Kraft, die Sanftheit und das Mitgefühl habe, wie sie aus einem Überfluss an Liebe in meinem Herzen entstanden sind. Letztlich gelingt mir das nur dann, wirklich nur dann, wenn ich die Quelle bedingungsloser Liebe und Freude in meinem Herzen zum Fließen bringe. Nur durch diese unerschöpfliche Quelle der bedingungslosen Liebe in mir, die nicht durch meine Erinnerungen und die Widrigkeiten meines Lebens beeinträchtigt ist und die aus unerschöpflicher Fülle gespeist wird, kann mein Geist von Konflikten, Unsicherheit, Aufspaltung und Angst geheilt werden.

Um an diese unerschöpfliche Quelle zu gelangen, werde ich tief graben und intensiv leben müssen, mit all meiner Aufmerksamkeit, mit absoluter Intensität und Gefühl, wobei jede Zelle meines Körpers, meiner Seele und meines Geistes nach unendlicher und bedingungsloser Liebe ruft. Nur aufgrund dieser tiefen Sehnsucht ist die Quelle der unerschöpflichen und unendlichen bedingungslosen Liebe in der Lage, aus den Tiefen meines Herzens und Geistes wie durch magische Kräfte zu fließen. Nur wenn ich tief in mir unzufrieden bin mit Oberflächlichkeiten, mit belanglosen und flüchtigen Empfindungen, Emotionen und Ideen, wenn die Tiefe meines Wesens von der leidenschaftlichen Suche, einem alles verzehrenden Verlangen nach Vollständigkeit, nach Ganzheit, Weite, Wahrheit, Liebe und Bewusstheit angestachelt wird, nur wenn ich also die Trivialitäten, die

Selbstsüchteleien und Oberflächlichkeiten meines täglichen Lebens gründlich satt habe, nur im Zustand dieses tiefen, alles verzehrenden Verlangens nach Vollständigkeit, werde ich, durch eine plötzliche Eingebung, von allen Fesseln des Suchens und der Frustration, der Illusion des Getrenntseins und der Unvollkommenheit, der Leere und Unzufriedenheit eines Lebens in der Vergangenheit oder Zukunft befreit. Und auch von der Sinnlosigkeit, in jemands Fußstapfen zu treten oder selbst den Guru zu spielen, werde ich befreit, um dann in einem ständig sich erneuernden Bewusstsein die Kraft bedingungsloser Liebe zu entdecken.

Vielleicht häufe ich Reichtümer an, dennoch erwartet mich Unzufriedenheit. Vielleicht komme ich zu Ansehen und Macht, doch ein Gefühl der Machtlosigkeit überkommt mich. Vielleicht bin ich ehrlich und aufrichtig, dennoch fühle ich mich ziellos und niedergeschlagen. Vielleicht leiste ich Hervorragendes, fühle mich aber dennoch verloren und unwissend – hinter all dem stehen die Früchte der Liebe, die an Bedingungen geknüpft war. Ganz gleich, was ich auch erreicht haben mag, wie wohlhabend oder tugendhaft ich bin, letztlich lasse ich allen Mut fahren, fühle mich deprimiert, mein gesamtes Wesen fängt an zu rebellieren und schreit nach bedingungsloser Liebe. **Nur wenn Geist und Herz mit der unerschöpflichen bedingungslosen Liebe erfüllt und gesättigt sind, und zwar in allen Beziehungen, bei allen Tätigkeiten, bei jedem Schritt, bei jedem Atemzug, den wir tun, erreichen wir völlige und bedingungslose Freiheit.**

ESSAY 35

Ist unvollkommene Liebe besser als gar keine?

Wer von uns kann perfekt lieben? Mit perfekter Liebe meine ich bedingungslose Liebe. Ob als Eltern, Ehegatten, Kinder, Geschwister, Kollegen oder Freunde, wer von uns ist in seinen Beziehungen in der Lage, bedingungslos zu lieben? Echte bedingungslose Liebe gibt es vielleicht nur in seltenen Augenblicken, sie lassen sich an einer Hand abzählen. Menschliche Liebe ist in den meisten Fällen unvollkommen, sie leidet unter den Einschränkungen von Bedingungen und Erwartungen, von Besitzansprüchen und Eifersucht, Verlustängsten und einer Klammerhaltung, die aus Angst und Unsicherheit, Selbstsucht und Bedürfnisbefriedigung rührt. Heißt das nun, dass wir überhaupt nicht lieben sollten? Oder ist eine unvollkommene Liebe besser als gar keine?

Ohne Liebe gibt es kein Leben. Auch wenn wir oft unvollkommen lieben, die Triebfeder unseres Lebens ist die Liebe. Fehlt die Liebe, so bedeutet das eine gleichgütige Einstellung anderen gegenüber. Der andere ist einem egal geworden. Es spielt keine Rolle mehr für mich, ob der andere da ist oder nicht. Für bestimmte Beziehungen mag diese Einstellung unerlässlich sein. Wo unerträgliche Spannungen oder gar Hass herrschen, könnte bewusst eingesetzte Gleichgültigkeit sehr empfehlenswert sein. Es ist viel besser, sich jemandem oder einer Sache gegenüber gleichgültig zu verhalten als zu hassen.

Hass ist negative Aufmerksamkeit. Negative Energien schaden sowohl dem, der sie aussendet, als auch dem, der sie empfängt. Wenn wir uns bewusst jemandem gegenüber gleichgültig verhalten, entziehen wir lediglich dem die Aufmerksamkeit, der uns sowieso nichts bedeutet. Das heißt, wir sparen unsere Energie auf, lenken unsere geistige Kraft in eine bestimmte Richtung und vermeiden so unnötige Konflikte, gehen dem Hass aus dem Weg.

Aber dennoch, können wir bewusste Gleichgültigkeit in all unseren Beziehungen quasi als Lebenseinstellung aufrechterhalten? Nein, das ist nicht möglich. Die Liebe zu verneinen würde bedeuten, das Leben zu verneinen. Ohne die Magie der Liebe wäre unser Leben um vieles ärmer, denn letztlich ist sie es, die dem Leben Sinn verleiht. Nur wenn wir unsere Arbeit, die Familie, unsere Beziehungen, die Natur, unsere Hobbys und unser Leben lieben, erhält das Leben Kraft, finden wir einen Sinn im Leben. Deshalb ist eine unvollkommene Liebe offenkundig besser als gar keine. Das lässt sich auch nicht vermeiden, denn die Liebe greift irgendwann sowieso entscheidend in unser Leben ein. Wir können uns ihr zuwenden oder wegschauen. Wie immer wir uns entscheiden, Liebe ist eine Tatsache, sie ist einfach da, das lässt sich nicht abstreiten. Wir können sie annehmen oder verleugnen, sie ausdrücken oder unterdrücken, wir können andere oder uns selbst lieben, wir können unsere Götter oder den nächsten Drink lieben. Was immer es ist, dem wir unsere Liebe schenken, die Liebe gibt uns Kraft und Sinn im Leben.

Unvollkommene Liebe bedeutet allerdings Liebe, die eingestanden oder uneingestanden an Bedingungen geknüpft ist, die mit Besitzansprüchen daherkommt, mit Eifersucht und Selbstsucht. Diese Dinge finden sich oft, wenn es um menschliche Liebe geht. Dennoch ist die Liebe ihrem ureigensten Wesen nach immer am Lernen und sich Vervollkommnen. Die Tatsache, dass wir lieben, es wagen zu lieben, trotz all unserer Beschränkungen und Unzulänglichkeiten, stärkt unsere Fähigkeit zu lieben. Die unbeschränkte Fähigkeit zu lieben, mündet schließlich in bedingungsloser Liebe. Sie braucht deshalb keine Unterstützung von außen und auch keine besondere Technik. Wenn sie ausgedrückt wird, und sei es noch so unvollkommen, bewegt sie sich auf ihre Vervollkommnung zu. Allerdings bringt uns unvollkommene Liebe, die ja mit Besitzansprüchen, Eifersucht, Unsicherheit und Ansprüchen einhergeht und an Bedingungen geknüpft wird, oft Schmerz und Leid.

Sind wir in der Lage, uns von Unvollkommenheiten zu befreien und die Reinheit und Kraft bedingungsloser, unendlicher Liebe auszudrücken? Das dürfte viel mit unserem Bewusstsein zusammenhängen. Können wir uns unserer selbst bewusst sein im Augenblick der Eifersucht oder der Besitzansprüche, im Augenblick der Lust, des Hasses und der Unsicherheit? Wenn wir uns unserer selbst, so wie wir sind, und unserer Liebe, so wie sie ist, voll bewusst sind, ohne etwas zu verleugnen oder zu sublimieren, in diesem Zustand höchster Bewusstheit und Stille transzendiert unsere Liebe die eigenen Unzulänglichkeiten und erklimmt den Gipfel der Vollkommenheit. Nur wenn wir absolut aufmerksam sind und spontan begreifen, und zwar im Licht absoluter Beobachtung und Bewusstheit unserer selbst, so wie wir sind, kann bedingungslose Liebe möglich werden.

ESSAY 36

Kann es eheliche Liebe ohne sexuelle Lust geben?

Der Sexualtrieb ist Männern und Frauen gleichermaßen angeboren. Das intensive Lusterlebnis im Moment des Höhepunkts ist ein mächtiger Anreiz der Natur, uns fortzupflanzen und unsere Art zu erhalten. Die Natur wird von einer unendlichen und unsichtbaren Intelligenz beherrscht. Die einen nennen sie Gott, andere haben diverse Namen dafür, wieder andere bezeichnen sie als unser tiefstes Selbst. Eines steht zweifelsfrei fest: Diese unendliche Kraft ist uns unbekannt.

Die Auswirkungen ihrer Intelligenz und Kraft sind sichtbar. Wir können zwar unseren gesunden Menschenverstand und unsere Vernunft einsetzen, um auf das Vorhandensein einer solchen Kraft zu schließen, aber sie letztlich erkennen oder ihre Existenz beweisen können wir nicht. Sie bleibt für immer im Reich des Unbekannten. Somit ist sie etwas Einzigartiges in ihrer unglaublichen, aber unerreichbaren Kraft. Sie scheint jenseits der uns bekannten Erkenntnismöglichkeiten, jenseits von Wissen, Zeit und Raum, jenseits vom Denken selbst angesiedelt zu sein.

Doch Manifestationen dieser unendlichen Intelligenz zeigen sich im Rhythmus der Wirkweise universeller Gesetze, etwa in der Umlaufbahn der Planeten, im Ökosystem, das die Erde mit ihren Lebewesen beherrscht, in einer ungeheuren und unendlichen Pracht, die bis ins Kleinste hinein von einer unendlichen Intelligenz und

Energie beseelt wird. Die Natur, der menschliche Körper, der Tod, der Schlaf und die Geburt bergen viele Geheimnisse. Mit unserem Wissen können wir Beobachtungen anstellen und diese beschreiben. Doch nicht alles ist erklärbar. Stets stoßen wir auf unbekannte Faktoren, die den Schlüssel zum Geheimnis zu liefern scheinen. Ein faszinierendes Beispiel für das Wesen dieser unendlichen Intelligenz ist der Moment des sexuellen Höhepunkts.

Für den normalen Mann und die normale Frau dürfte der Augenblick des sexuellen Höhepunkts zu den wonnevollsten Erfahrungen überhaupt zählen. Die ganze Welt scheint in diesem magischen Moment zu einer Einheit zu verschmelzen, die sich kaum mit Worten beschreiben lässt. Wir erleben dabei einen Zustand der Liebe, des Friedens und der Alleinheit. Wissenschaftlern zufolge löst der Orgasmus einen tiefen Entspannungsreflex aus, bei dem jeder Teil des Körpers und des Geistes tiefe Entspannung erfährt, Stress überwunden wird und uns Frieden, Erfüllung und Glück zuteil wird. Was Wunder also, dass jedes Lebewesen instinktiv diese Wonne anstrebt. Der tiefe Entspannungsreflex lässt Hassgefühle und Konflikte verschwinden. Im täglichen Überlebenskampf bedeutet Sex, wie tiefer Schlaf, eine wonnevolle Erfahrung, ja einen Segen für uns.

Dennoch gibt es zwei fundamentale Einschränkungen. Zum einen ist der Augenblick der Wonne schnell vorüber, wir müssen also wieder in die stressige Welt der Alltagskonflikte zurück. Zum anderen kommt es zwischen Männern und/oder Frauen bei der Partnerwahl zu Konflikten und zum Konkurrenzkampf. Der erste Faktor führt dazu, dass wir im Rahmen unserer spirituellen Suche nach einem dauerhaftem Glücksgefühl suchen. Umstand Nummer zwei bedingt die Institution der Ehe in der menschlichen Gesellschaft. Mann und Frau sind denkende Wesen, die sich aufgrund ihrer Denkfähigkeit das Prinzip der Arbeitsteilung zunutze gemacht haben. Sie leben in organisierten Gruppen, um so die Chancen des eigenen Überlebens zu erhöhen. Die Menschen haben die Ehe erfunden, um friedlich miteinander leben zu können und um Konflikte zu vermeiden, um die soziale Ordnung in der Gruppe aufrechtzuerhalten und um die Kinder in geordneten Bahnen aufziehen zu können. Gesellschaft und Religion haben der Ehe einen sakrosankten Status verliehen. Häufig stößt man auf tief eingewurzelte Konditionierungen, was die Dauerhaftigkeit und Unantastbarkeit der Ehe angeht. Beziehungen zwischen Mann und Frau außerhalb der Ehe sind mit Schuldgefühlen befrachtet. Milliarden von Menschen auf der ganzen Welt leben nach wie vor unter diesem gesellschaftlich sanktionierten Zwang.

Doch was ist es nun, das den Dreh- und Angelpunkt intimer Beziehungen zwischen Mann und Frau in körperlicher Hinsicht, wie die Natur sie vorsieht, bildet? Im natürlichen Spiel der Kräfte sind Mann und Frau in der Lage, sich gegenseitig sexuelles Vergnügen zu bereiten. Bei diesem Geben und Nehmen wird auch der Fortbestand der Art gewährleistet. Somit bilden Sex, die damit verbundene Lust und die

Zeugung von Nachwuchs sowie die Erfüllung der mütterlichen und väterlichen Instinkte zweifellos mit die wichtigsten Aspekte in einer Ehe. Doch die Gesellschaft hat im Laufe der Zeit der Dauerhaftigkeit und Unantastbarkeit der Ehe mehr Bedeutung beigemessen als dem Aspekt der Lust, der Liebe und dem Frieden, die daraus beiden Partnern und damit der Gesellschaft erwachsen sollten. Warum? In welcher Weise hat das dazu beigetragen, die Unantastbarkeit und Dauerhaftigkeit der Ehe zu untergraben? Kann es eheliche Liebe ohne sexuelle Lust geben?

Die Gesellschaft ist in der Regel damit beschäftigt, die Belange von Interessengruppen zu schützen sowie Recht und Ordnung und den Status quo aufrechtzuerhalten. Das heißt mit anderen Worten Äußerlichkeiten sind für Regierungsorgane, Institutionen des Rechts, Machthaber und die öffentliche Meinung wichtiger als andere Dinge. Wenn deine Ehe die Hölle auf Erden ist, keine Lust und keinen Frieden bietet, was geht das die Gesellschaft an, solange die Sache nicht aus dem Ruder läuft, Recht und Ordnung nicht gefährdet, keine religiösen Regeln und Gefühle verletzt werden und auch die öffentliche Meinung nicht brüskiert wird? Die Gesellschaft bzw. eine Gruppe, die von einer bestimmten Rechtsauffassung beherrscht wird, ist in der Regel kaum betroffen. Natürlich finden sich in zahlreichen aufgeklärten Gesellschaften soziale Sicherungssysteme, an die man sich in der Familie oder außerhalb davon rat- und hilfesuchend wenden kann. Doch die Unantastbarkeit und Dauerhaftigkeit der Ehe ist in den meisten Kulturen als bindendes Element an die nachfolgenden Generationen weitergegeben worden. Ist dies wirklich notwendig, um die soziale Ordnung aufrechtzuerhalten? Kann es echte soziale Ordnung geben, wenn die Herzen und Köpfe der Menschen, insbesondere der Frauen, mit Unzufriedenheit, Konflikt und Hass erfüllt sind? Die Bedeutung von Lust und Frieden in der Ehe kann gar nicht überschätzt werden, weil diese Aspekte wichtiger sein dürften als so genannte Unantastbarkeit und Dauerhaftigkeit, die uns ja nur angelernt wurden.

Spiritualität, Gott, Erleuchtung, man nenne es, wie man will, ist die letzte Phase der Evolution eines Menschen, bedeutet sie doch seinen Eintritt in das Reich der Zeitlosigkeit. Sex und die damit einhergehende Lust ist in biologischer Hinsicht der erste Schritt, ein kurzer Blick auf die Glückseligkeit, die sich aus der Alleinheit, aus der Überwindung des Gefängnisses der Getrenntheit, aus dem ekstatischen Gefühl der Liebe und Einheit ergibt, mit dem damit verbundenen Eindruck tiefen Friedens und Erfüllung, wobei das Konzept eines getrennten Selbst, des Ichs, verschwindet. Trotzdem bleibt dieser kurze Blick ein Stolperstein auf unserer Suche nach dem Letztendlichen und nach dauerhafter Glückseligkeit. Leugnen wir den ersten Schritt, müssen wir feststellen, dass wir nicht einmal anfangen werden, uns auf den Weg zu dauerhafter Glückseligkeit, zur Erleuchtung zu begeben. Es bleibt uns also nichts anderes übrig, als die Bedeutung des Irdischen anzuerkennen, ehe wir vom Heiligen sprechen können. Wir müssen die Kraft des

Bekannten anerkennen, ehe wir das Unbekannte erforschen. Wir müssen beim Naheliegenden beginnen, um zu weit entfernten Gestaden zu gelangen.

Die bloße Negierung oder Verleugnung des Irdischen führt nicht automatisch zum Heiligen, die bloße Verleugnung der vergänglichen Glückseligkeit des sexuellen Genusses führt uns nicht ins zeitlose Glück der Erleuchtung und die bloße Verleugnung der Kraft der Natur lässt uns diese noch lange nicht überwinden. Wenn wir das Irdische wirklich verstanden haben, offenbart sich uns das Göttliche, wenn wir uns unseres Wesens wirklich bewusst werden, gehen wir darüber hinaus, wenn wir das Wesen und die Vergänglichkeit sexueller Lust erkennen und begreifen, transzendieren wir ihre Grenzen, und wenn wir das wirkliche Wesen der Ehe begriffen haben, erkennen wir ihre Göttlichkeit.

ESSAY 37

Können wir unseren Ehepartner bedingungslos lieben?

Sind wir in der Lage, unseren Ehepartner bedingungslos zu lieben? Diese grundsätzliche Frage mündet in die anschließende Frage: Sind wir zu bedingungsloser Liebe fähig? Ehe wir uns nun damit beschäftigen, sollten wir uns fragen, was mit bedingungsloser Liebe gemeint ist. Gibt es die überhaupt? Ist sie in menschlichen Beziehungen möglich?

Bedingungslose Liebe ist die Fähigkeit zu lieben, ohne eine Gegenleistung dafür zu erwarten. Lieben ohne Erwartungen bedeutet bedingungslos zu lieben. Man erwartet keine materiellen und keine emotionalen Belohnungen. Und man ist nicht darauf aus, dass unseren Glaubenssätzen und Überzeugungen zugestimmt wird, dass sie akzeptiert werden.

Ist so etwas im menschlichen Miteinander überhaupt möglich, wo Beziehungen doch auf Gegenseitigkeit beruhen und jeder seine Erwartungen an den anderen hat? Nehmen wir ein Beispiel: Ein Mann bringt seinen Lohn nach Hause und gibt ihn seiner Frau. Er erwartet, dass sie für ihn kocht und die Betten macht. Offenkundig haben Arbeitsteilung und Rollenverteilung, die jedem der beiden zugedachte Rolle, kaum etwas mit bedingungsloser Liebe zu tun. Wenn die Liebe Ansprüche stellt, handelt es sich nicht um bedingungslose Liebe. Das liegt auf der Hand. Worauf ich hinaus will: Die Rollenverteilung und die Einzelheiten einer Beziehung haben kaum etwas mit bedingungsloser Liebe zu tun. Wichtiger ist hier, ob die Rollenverteilung auf Freiwilligkeit beruht, ob

Erwartungen daran geknüpft sind oder ob sie gar erzwungen werden. Im Falle bedingungsloser Liebe ist der Fortbestand der Liebe nicht davon abhängig, was einer der Beteiligten tut oder lässt.

Meine Frau mag für mich kochen oder nicht, sie mag die Betten machen oder nicht. Der entscheidende Punkt ist und bleibt, dass ich sie liebe. Das ist bedingungslose Liebe. Kann sein, dass wir uns hier und da wegen Kleinigkeiten in den Haaren liegen. Die Fähigkeit, sich immer wieder zusammenzuraufen, das ist bedingungslose Liebe. Liebe im wahrsten und tiefsten Sinn des Wortes kann nur bedingungslos sein. Wenn nicht, handelt es sich bestenfalls um ein Entgegenkommen oder eine Art Vertrag. Ihrem Wesen nach verschenkt sich die Liebe, sie verschenkt sich bedingungslos. Sie verschenkt sich, weil das ihrem wahren Wesen entspricht. Wir lieben bedingungslos, weil wir die Fähigkeit dazu besitzen.

Was passiert, wenn jemand nur Liebe empfangen hat, die an Bedingungen geknüpft war? Dann dürfte unser Denken Muster der Erwartung, der Belohnung und der Bestrafung abgespeichert haben, dann könnte es schwierig sein, bedingungslos zu lieben. Dennoch lässt sich nicht von der Hand weisen, dass wir als Kleinkinder spontan und voller Liebe waren. Wir sind mit der Fähigkeit zu bedingungsloser Liebe auf die Welt gekommen. Die Muster der Konditionierung, die Erwartungen, sind etwas Antrainiertes. Diese führen zu automatischen Reaktionen, zu mechanischen Gewohnheiten, ziehen ihre Kraft aus der Wiederholung. Diese gilt es zu verlernen. Dabei führen kleine Schritte zum Erfolg: ein Lächeln, ohne zu erwarten, dass zurückgelächelt wird, ein Kompliment machen, ohne ein Kompliment als Gegenleistung zu erwarten. Wenn wir bedingungslose Liebe verschenken, wird die Fähigkeit gestärkt, sie zu verschenken.

Viele Eltern schenken ihren Kindern ziemlich viel bedingungslose Liebe. Die Unschuld und Spontaneität eines Kindes machen es uns leicht, es bedingungslos zu lieben. Haben wir aber als Kinder Liebe erhalten, die an Bedingungen geknüpft war, wird es schwierig, etwas zu verschenken, was uns vorenthalten wurde. Ja, es ist unmöglich, etwas zu verschenken, was man selbst nicht bekommen hat. Deshalb ist es ganz entscheidend, dass wir zunächst und in erster Linie uns selbst bedingungslos lieben. Dazu ist es erforderlich, dass wir uns selbst bedingungslos so annehmen, wie wir sind. Vorraussetzung für bedingungslose Liebe ist, dass wir uns selbst in jeder Hinsicht und bedingungslos annehmen.

Dann müssen wir uns so, wie wir sind, als würdig betrachten, grenzenlose, bedingungslose Liebe zu empfangen. Wenn wir uns in diesem Zusammenhang selbst als würdig erachten, öffnen wir uns der Möglichkeit, selbst grenzenlose, bedingungslose Liebe und Freundlichkeit zu empfangen. Danach müssen wir nicht irgendwo im hintersten Winkel der Welt auf die Suche gehen und uns das Gefundene dann per Herzoperation einpflanzen. Der Zustand grenzenloser, bedingungsloser Liebe bedeutet das zu sein, was wir wirklich sind. Das war unser Innerstes, als wir zur Welt kamen, und jeder hat diese Fähigkeit mitbekommen. Bedingungen waren uns fremd, wir konnten spontan lachen und lieben. Bedingungen und Erwartungen sind angelernte Muster des Denkens und Verhaltens.

Wenn wir diese Muster verlernen, wacht unser schlafendes Innerstes wieder auf, kommt die eingekerkerte Pracht in uns wieder zum Vorschein, so dass wir wirklichen Zugang zu unserem wahren Wesen erhalten und die grenzenlose Fähigkeit zu bedingungsloser Liebe dazu. Das soll nicht heißen, Ungerechtigkeiten und Missbrauch einfach hinnehmen zu müssen. Es heißt, dass wir falls erforderlich bestimmte Verhaltensweisen ablehnen, an unserer Fähigkeit zu bedingungsloser Liebe aber unerschütterlich festhalten. Wir tun niemanden einen Gefallen, wir sind einfach, wie wir sind. In diesem unbelasteten, freudvollen Zustand wird jeder, Ehegatte, Kind, wer immer es sei, mit grenzenloser bedingungsloser Liebe überhäuft, die spontan aus unserem Herzen kommt. Das ist ein unerschöpflicher Schatz, und diesen mit allen zu teilen, bereitet uns unendliche Freude.

ESSAY 38

Wollen wir Bedürfnisbefriedigung oder Liebe?

Ein Ehemann kommt von der Arbeit nach Hause, küsst seine Frau, sagt ihr, wie sehr er sie liebt und fragt, was es zum Abendessen gibt. Die Frau entgegnet, sie habe nichts gekocht, sie habe keine rechte Lust dazu gehabt und ob sie nicht irgendwohin essen gehen könnten, es müsse ja nicht teuer sein. Der Schwung, die Fröhlichkeit und die Zuneigung sind dahin wie ein flüchtiger Traum. Mürrische Verdrossenheit, ein Hauch von Zorn tauchen auf. Will der Ehemann Liebe oder lediglich die Befriedigung seiner eigenen Bedürfnisse?

Ein Vater gibt seinem Sohn einen Kuss und sagt ihm, wie sehr er ihn liebt. Dann verkündet er begeistert, mit ihm in den nahegelegenen Park fahren zu wollen. Der kleine Junge rümpft die Nase und meint, er wolle lieber mit den Nachbarskindern spielen. Der Enthusiasmus und die Zuneigung des Vaters schwinden, als er seinen Sohn anstarrt. Will der Vater Liebe oder die Befriedigung seiner Bedürfnisse?

Die Liebe in unseren täglichen Beziehungen, ist das wirklich Liebe oder eher Bedürfnisbefriedigung? Im tagtäglichen Umgang ist unsere Liebe in der Regel an Erwartungen und Bedingungen geknüpft. Ich koche und bringe Opfer für dich und erwarte dafür Zustimmung und Liebe, die ich ersehne. Du liebst mich nicht mehr, stimmst mir nicht mehr zu, und schon verflüchtigt sich mein Bedürfnis, für dich zu kochen, dir zu Diensten zu sein.

Warum wollen wir unsere Bedürfnisse befriedigt sehen, und warum nennen wir das Liebe? Natürlich haben wir Bedürfnisse, wir wollen geliebt, anerkannt und respektiert werden; wir wollen Aufmerksamkeit, Dankbarkeit und Lob und das Gefühl haben, gebraucht zu werden. Diese Bedürfnisse wollen befriedigt sein. Da auch andere Menschen Bedürfnisse haben, lernen wir, Kompromisse zu schließen. Wir wollen Zustimmung, also kümmern wir uns um andere, wir wollen nicht allein sein, also bieten wir Zuneigung. Doch wie bequem gegenseitige Bedürfnisbefriedigung auch sein mag, nur bedingungslose Liebe verdient den Namen Liebe. Alles andere dient nur der Befriedigung von Bedürfnissen. Letztlich lässt uns an Bedingungen geknüpfte Liebe in Erwartungshaltungen erstarren. Wird die Erwartung nicht erfüllt, sind wir enttäuscht und wütend. Unerfüllte Erwartungen können ein Gefühl der Treulosigkeit hervorrufen oder wir fühlen uns im Stich gelassen. Unsere Liebe endet womöglich schmerzvoll und leidvoll für andere und uns selbst. Der Grund: Es ist keine bedingungslose Liebe, sondern der Wunsch nach Bedürfnisbefriedigung, getarnt als Liebe.

In gewissem Sinne sind unsere Bedürfnisse durchaus legitim. Wir dürfen Zustimmung, Respekt, Liebe, Zuneigung und Zuwendung verlangen – und auch Sicherheit. Diese Gefühle sollten als das genommen werden, was sie sind, und direkt ausgedrückt werden. Wir sollten unmittelbar danach trachten, diese Dinge erfüllt zu bekommen, und zwar mit Mitteln, die zum Ziel führen. Wer Liebe will, muss Liebe geben. Wer Freundschaft will, muss Freundschaft bieten.

Errungenschaften führen zu Anerkennung, Disziplin und Stärke gebieten Respekt. Die Erfüllung meiner Bedürfnisse sollte keine Voraussetzung sein für meine Zuneigung. Die Kraft meines Herzens, die Kraft der Liebe wird banalisiert, wenn ich meine Zuneigung als Tauschobjekt einsetze, um meine körperlichen oder seelischen Bedürfnisse befriedigt zu sehen. Wir sollten uns mit ruhigem Geist und Herzen der Augenblicke sehr bewusst sein, in denen wir unsere Bedürfnisse befriedigt sehen wollen. Wir sollten das Bedürfnis genau spüren und erkennen, das wir erfüllt haben wollen. Wir sollten unsere Zuneigung nicht als Tauschobjekt einsetzen, um irgendwelche Bedürfnisse befriedigt zu bekommen. Wenn wir uns unserer Bedürfnisse vollständig bewusst sind, so wie sind, lassen sie sich begreifen und auflösen.

Wenn ich meine Liebe verschenken will, sollte sie bedingungslos sein, sollte ich keine Gegenleistung erwarten. Durch diese außergewöhnliche Kraft erklimmt der Mensch die Höhen zeitloser Vervollkommnung. Bedingungslose Liebe hat sowohl auf uns als auch auf andere eine immense Wirkung. Wo bedingungslose Liebe herrscht, werden außerordentliche Intimität, Güte, Errungenschaften, Weisheit, Kraft und Opferbereitschaft möglich. Drückende Belastungen verlieren ihre Schwere, große Errungenschaften sind leicht zu tragen, ein ungewöhnlich hohes Maß an Verantwortungsgefühl und Engagement, nicht alltäglicher Mut, Vertrauen, grenzenloser Optimismus, Energie, ein unbezwingbarer Wille – all das und vieles mehr entspringt der Schatztruhe der bedingungslosen Liebe. Jeder von uns möchte lieben und geliebt werden. Wir sollten die Kette der Konditionierungen, Erwartungen und Befriedigungen sprengen. Sind wir erst einmal frei von unseren Konditionierungen und Erwartungen, wird unser Leben verwandelt sein, sobald wir uns in der Kraft und Magie bedingungsloser Liebe emporschwingen.

ESSAY 39

Bedeutet Liebe Selbstaufopferung?

Ist es nicht ein weit verbreitetes Missverständnis zu glauben, Liebe bedeute Selbstaufopferung? Müssen wir unser Glück, unsere Entwicklungsmöglichkeiten und unser Wachstum als Individuum wirklich auf dem Altar der Pflicht, Ehe oder Freundschaft opfern und das dann Liebe nennen? Kann Liebe vom einzelnen verlangen, sich für die Stärkung eines anderen Menschen zu opfern?

Liebe ist spontane Erfüllung, ein Erblühen unseres Bewusstseins und die Erkenntnis, im wesentlichen mit dem anderen eins zu sein. Diese Erkenntnis stellt keine Forderungen und verlangt auch keine Opfer. Beide Beteiligten werden in ihrer Erkenntnis bestärkt, im wesentlichen eins zu sein. Dabei mag der eine für den anderen bestimmte Dinge tun. Doch wenn diese mit einem Gefühl der Liebe und der Einheit vonstatten gehen, ist damit überhaupt kein Opfer verbunden. Vielmehr handelt es sich um eine Feier zu Ehren des eigenen gestärkten und erweiterten Bewusstseins, das Gefühl der Getrenntheit überwunden zu haben.

Etwas aus Liebe zu tun, bedeutet eine Feier zu Ehren der Liebe, kein Opfer. Ein Opfer bringen heißt, etwas aufgeben, was man gerne möchte. Wird etwas aus Liebe getan, so erstrebt man nichts weiter als die Liebe selbst zu stärken und sie zum Ausdruck zu bringen. Damit wird ein Akt der Liebe zur Erfüllung der eigenen tiefsten Wünsche. Es kann unser Denken, das sich an angelernten Vorstellungen über Tugend und

Pflicht orientiert, ziemlich verwirren, wenn es sich mit Taten auseinandersetzen muss, die aus Liebe geschehen. Denn der Geist, der mit angelernten Vorstellungen gefüttert wurde und dem von außen, durch Konditionierung, Pflichtgefühl und tugendhaftes Verhalten in Fleisch und Blut übergegangen sind, opfert seine eigenen Wünsche und Bedürfnisse, um eingefleischte Anforderungen und Vorstellungen über Pflicht und Tugend zu erfüllen. Diese künstlich gereiften Früchte sind jedoch bitter, sie schmecken nach Wenigerwerden, nach Selbstaufopferung zum Wohle eines anderen. Da die Mehrheit der Menschen immer noch in einem konditionierten Bewusstsein festhängt und nach wie vor gefangen ist in den Mustern des Konformismus, folgt ihr Verhalten im Namen der Liebe, Tugend oder Pflicht einem erstarrten Muster. Dieses erhält dann eine Bezeichnung und erfährt die Bewunderung der Mehrheit, eine Art Würdigung. Man klopft sich wegen der Mühen sozusagen selbst auf die Schulter und nennt das dann heroische Selbstaufopferung. Als Tugend wird das Ganze an andere weitergegeben, obwohl es sich um nichts anderes als um Hirngespinste handelt, ein nunmehr sakrosanktes Lebensprinzip – Liebe erfordere Selbstaufopferung.

Liebe ist in der Tat selbstlos, einfach aus sich heraus. Doch sie erwartet keine Belohnung und verlangt keine Opfer für irgendetwas. Liebe gibt bedingungslos, trachtet nicht nach Belohnung. Sie handelt als natürliche Erfüllung ihrer eigenen Fähigkeiten, ihres eigenen tiefsten Wunsches, ihrer eigenen gesteigerten Wahrnehmung und Einsicht. Von der Selbstsucht, einschließlich des Dünkels einer proklamierten Selbstaufopferung, fühlt sie sich abgestoßen.

Somit stoßen wir auf das kuriose Phänomen unterschiedlicher Wahrnehmungen. Ein aus Liebe handelnder Mensch hat das Gefühl, nur das getan zu haben, was ihm entspricht. Für ihn verdient sein Tun keine besondere Aufmerksamkeit. Er spielt die Angelegenheit vielleicht sogar herunter, weil sie keine Folgen nach sich zieht. Er hat den Eindruck, nur das getan zu haben, was er tun wollte. Doch von der Warte jener aus betrachtet, die ohne Liebe sind, handelt es sich um einen Akt der Selbstaufopferung. Und man könnte diese Handlungsweise sogar als heldenhaft und wünschenswert bezeichnen, sie zum Modell für ethisches Verhalten erheben. Besonders Kinder sind mit solchen vereinfachenden und falschen Vorstellungen beeinflussbar.

Charakteristisch für oberflächliche Sicht- und Denkweisen ist es, den Stamm mit der Wurzel zu verwechseln, das Sichtbare mit dem Unsichtbaren, das Etikett mit dem Inhalt. Das zeigt, dass letztendlich nur die Erfahrung als Element der Transformation fungieren kann. Wissen kann man nur, was man selbst erfahren und erlebt hat. Im Erleben geht man über das Etikett, über die Bezeichnung hinaus und gelangt zum tatsächlichen Inhalt. Doch unser gesamtes System des Denkens und der Sprache, unsere gesellschaftlichen Strukturen und Systeme, unser angehäuftes Wissen, alles das basiert auf dem, was wir unvoreingenommenes Beobachten nennen. Könnte es nicht sein, dass wir unseren Kopf lediglich mit unzähligen Benennungen füllen, die kaum von Bedeutung sind? Könnte es nicht sein, dass wir in all unseren so genannten Errungenschaften nur einer Illusion des Wissens aufsitzen?

Halten uns möglicherweise der eigene Dünkel und die Kraft, der Schwung der eigenen Denkprozesse davon ab, die Dinge so zu sehen, wie sie sind? Ist die Erfahrung ein Kamm, den wir schließlich in Händen halten, wenn uns alle Haare ausgefallen sind?

Unser Denken läuft innerhalb eines bestimmten Erfahrungsrahmens ab. Wie wollen wir gedanklich das Unendliche fassen, wenn unsere Erfahrungen doch endlich sind? Unser Denken ist bestenfalls ein blasser Schatten der von uns gemachten Erfahrungen. Und Worte sind wahrscheinlich ein angemessener und blasser Schatten unserer Gedankenprozesse. Wenn Denken und Sprache das Rückgrat unseres so genannten Wissens bilden, könnte es da nicht sein, dass das Wenige, was wir wissen, uns davon abhält, das viele in Erfahrung zu bringen, was wir nicht wissen? Sind wir mit unseren Sinnen, unseren geistigen und intellektuellen Fähigkeiten eigentlich in der Lage, die Realität als ganzheitliche Erfahrung abzubilden? Wenn nein, verfügen wir über die Weisheit zu erkennen, dass wir es nicht können?

Können wir im Zuge der vollständigen und bedingungslosen Akzeptanz dieser Tatsache die Hindernisse beseitigen, die uns den Zugang zur echten Realität versperren? Die Erforschung unseres Bewusstseins, die einzigartige Entdeckungsreise zu unserem Bewusstsein erfordert

Lernbereitschaft und Bereitschaft zu verlernen. Vor allem verlangt sie von uns, den Dünkel unseres so genannten Wissens zu verlernen und die Bescheidenheit zuzugeben, dass wir womöglich nie in den „Besitz“ letztendlicher Gewissheit gelangen werden. Nur der aus der Liebe geborene Mut kann zu dieser Kraft und Bescheidenheit finden.

ESSAY 40

Sind wir im Zustand des Kummers fähig zu lieben?

Wenn wir traurig, unglücklich, elend und niedergeschlagen sind, können wir dann in diesen Momenten wirklich lieben? Können wir im Zustand der Liebe sein und diese magische Eigenschaft weitergeben, wenn wir von Unglück und Kummer überwältigt sind? Kann man großen Kummer erleiden und gleichzeitig lieben?

Wenn jemand bereits liebt, in einer Beziehung lebt, in der zwischen zwei Menschen Mitgefühl, Zärtlichkeit, Einfühlungsvermögen und Liebe vorhanden sind, und plötzlich Kummer auftaucht, wird sich der eine dem anderen wohl nicht verschließen, den Kummer mit ihm teilen, ein Vorgang, der auf Liebe beruht. Das ist die Stärke der Liebe, durch sie wird es möglich, Kummer zu teilen.

Doch meine Frage lautet: Sind wir in der Lage zu lieben, wenn wir Kummer haben? Können wir uns einem anderen Menschen mit Zärtlichkeit, Einfühlungsvermögen, Großzügigkeit, Zuneigung und Freundschaft zuwenden, wenn wir eigentlich Zuwendung bräuchten, weil wir selbst Kummer haben? Können wir verschenken, was wir selbst nicht haben?

Es scheint auf der Hand zu liegen, dass wir nicht verschenken können, was wir nicht haben. Wenn wir also Liebe, Freundlichkeit, Fröhlichkeit, Einfühlungsvermögen, Zärtlichkeit und Großzügigkeit verschenken wollen, obwohl wir selbst gerade Kummer haben, müssen wir diese zunächst in uns selbst finden. Wir müssen über die Umstände des Kummers hinausblicken, wir müssen in uns tiefer und tiefer graben, bis wir auf ein Reservoir aus Kraft und Freundlichkeit, Großzügigkeit und Einfühlungsvermögen, Zärtlichkeit und Liebe stoßen.

Nur wenn wir unsere vitalen Reserven nutzbar machen und auf die Quelle stoßen, auf den tiefsten Teil unseres Selbst, auf unseren Kern, auf dieses unerschöpfliche und unendliche Reservoir aus Kraft, Liebe, Einfühlungsvermögen, Freude, Frieden und Glückseligkeit, werden wir in der Lage sein, die Umstände des Kummers zu überwinden. Nur wenn wir mental Oberflächlichkeiten bannen und tiefer nach dem Zugang zu diesem unserem Lebenszentrum graben, diesem natürlichen Zustand des Überflusses und der Freude, unserem eigentlichen Wesenskern, können wir aus dieser Mitte heraus Liebe schenken. Liebe zu schenken heißt, im Zustand der Liebe zu sein. Wenn wir im Zustand der Liebe verharren, können wir einander heilen und helfen.

Der Tod eines geliebten Menschen oder Widrigkeiten der unterschiedlichsten Art können schier überwältigenden Kummer bereiten. Und oft sind wir mental überfordert, diesen Kummer zu bewältigen. Dann versuchen wir auszuweichen, der Situation zu entkommen, versuchen uns abzulenken, um der Tatsache nicht ins Auge schauen zu müssen. Wenn wir uns also herauswinden, uns der Situation nicht stellen, schaffen wir ein ganzes Arsenal an Erinnerungen, an Aktion und Reaktion, wodurch wir im Kummer, in den Widrigkeiten hängen bleiben. Das Verdrängte kehrt in unzähligen Varianten zu uns zurück. Der einzige Ausweg besteht darin, sich dem Kummer zu stellen, ihn anzunehmen, ihn zu erleben und zu begreifen und ihn damit zu überwinden.

Kann unser Kummer wirklich so tief gehen, dass wir Leid und Schmerz überwinden können? Kann der Kummer so groß sein, dass er einen fundamentalen Wandel unserer Lebensführung herbeizuführen vermag? Kann das Leid solche Ausmaße annehmen, dass wir in unserem Kummer die Kraft finden, unzählige geringere Lasten zu tragen? Ist unser Kummer tief und absolut? Zehrt uns der Kummer auf oder suhlen wir uns lediglich in oberflächlichem Selbstmitleid, weil wir die Dinge nicht so sehen wollen, wie sie nun mal sind? Besteht unser Kummer nur aus Unzufriedenheit, Rastlosigkeit und Ablehnung, weil die Dinge so sind, wie sie sind? Sind wir trotz unseres Kummers durch unseren Kummer in der Lage, zum Kern unserer Gedanken, Gefühle, unserer Ausdrucks- und Handlungsweise, zu einer Wahrnehmung vorzudringen, die es uns ermöglicht, den Kummer zu fühlen? Können wir die verborgenen Tiefen des Bewusstseins erreichen, wo nur Stille und Frieden herrschen und deren Tiefe jenseits von Oberflächlichkeiten wie Freude und Schmerz angesiedelt ist? Ist die Welle des Schmerzes so kraftvoll, uns an die Gestade der Stille zu tragen? Kann Kummer ein Mittel sein, Kummer zu überwinden?

Nur hier und da erfahren wir bei unseren täglichen Beschäftigungen, in unserem Denken und Handeln, in unseren Freuden und Leiden eine gesteigerte Intensität, ein vollständiges in Anspruch genommen sein. In solch raren Augenblicken erleben wir ein außerordentlich leidenschaftliches Lebensgefühl, eine Lebendigkeit, durch die enorme Energie freigesetzt wird. Wir leben mit einer nie gekannten Vitalität und Wachheit. Was uns folglich offenbar über die Monotonie und Oberflächlichkeit des Alltags hinaushebt, ist die Intensität unserer Erfahrung, sei sie nun freud- oder leidvoll. Nur in der absoluten Intensität unseres Seins werden wir das Reich der Liebe betreten, jenseits dessen, was wir beschreiben können, und jenseits von Kummer und Leid.

ESSAY 41

Kann aus Liebe Leid entstehen?

Wenn wir jemanden sehr lieben und diesen Menschen durch Tod oder Trennung verlieren, dann leiden wir. Wir trauern um den Verlust eines geliebten Menschen. Wir vermissen die Liebe und Zuneigung, die Freundlichkeit und Güte, die Liebe und das Lachen der besonderen Augenblicke, die wir mit diesem Menschen gemeinsam genossen haben. Wo wir früher gemeinsam die Liebe erlebt haben, erleben wir jetzt ein Vakuum. Wir nehmen Zuflucht zu Erinnerungen, um das Vakuum zu füllen, doch es hilft nichts. In solchen Augenblicken der Trauer werden wir unerbittlich mit der Tatsache unserer Einsamkeit und der Vergänglichkeit des Lebens und unserer Beziehungen konfrontiert.

Und wir werden auch daran erinnert, ob wir das wahrhaben wollen oder nicht, dass wir innerlich leer sind. Mit Leere meine ich die Tendenz des Geistes, sich an die paar wenigen Menschen zu klammern, die wir als „zu mir gehörig" betrachten, und die Selbstliebe, die wie selbstverständlich unser Leben beherrscht. Durch diese Selbstliebe, wie sie die Natur zwangsläufig hervorbringt und die durch die Erziehung verstärkt wird, sehen wir uns als voneinander getrennte Wesen mit einer individuellen Bedeutung und Identität, mit individuellen Freuden und Leiden, Vergnügungen und Schmerzen. Dieses fragmentierte Bewusstsein identifiziert sich dann auf der Grundlage von Vorlieben und Abneigungen selektiv mit Personen und Orten, Vorstellungen und Glaubenssätzen, Objekten und Erfahrungen. Wir erhalten ein fragmentiertes Gefühl der

Wahrnehmung, eine Selbstidentität, die auf dem Eindruck der Getrenntheit beruht. Das wird dann als Anhängsel an unseren Namen und unsere Erscheinungsform definiert und auch so erlebt.

Es ist natürlich, dass sich der Körper, dieses Materiebündel, selbst als „Ich" erlebt. Doch wenn ich nur meinen Körper als „Ich" gelten lasse, reduziere ich meine Selbstidentität auf ein kümmerliches Bündel Materie. Denn in mir leuchtet das Licht unendlicher Bewusstheit, das es Körper, Seele und Geist ermöglicht, im jeweiligen Bereich mit Energie und Intelligenz zu funktionieren. Lassen wir unsere Gefühle, Gedanken, unsere Fähigkeit zu begreifen, unser Bewusstsein und unsere Intelligenz außer Acht und setzen unsere Existenz nur mit Empfindungen gleich, die mit dem Körper zu tun haben, so regredieren wir auf das Niveau von Tieren, nein eigentlich auf ein weit darunter angesiedeltes Niveau. Denn Tiere leben in Harmonie mit den Naturgesetzen und in perfekter Harmonie mit ihren natürlichen Lebensräumen. Sie lauschen den Rhythmen der Natur und ihren Instinkten mit unfehlbarer Präzision, die nicht durch die Irrtümer des Denkens vernebelt wird. Beim Menschen ist das anders. Wenn der Mensch nur die Ebene seiner Empfindungen lebt, ist er schlimmer als jedes Tier, denn dann wird das Leben zur Jagd nach Sinneseindrücken, bei der Vernunft oder die Harmonie der Naturgesetze den kürzeren ziehen.

Da wir uns an unseren Namen und unsere Form klammern, wird eine ausschließliche Identität zu unserer Lebensgrundlage. Freuden und Leiden werden als etwas Ausschließliches wahrgenommen. Wir können die Freuden und Leiden anderer nicht als unsere eigenen wahrnehmen. Unser Leben wird selektiv und eingeschränkt, unsere Beziehungen beschränken sich aufgrund körperlicher Kriterien auf ein paar wenige Menschen. Elternschaft und Familie, Vergnügen und Besitz werden wichtiger als die Menschlichkeit, die uns allen gemein ist. Unsere Welten sind eng und dunkel wegen der engen und dunklen Fragmente des Bewusstseins, das unseren Geist bildet. Ich rede hier nicht von kranken Menschen, sondern von so genannten „normalen“ Menschen, die nur noch an sich selbst denken und an die wenigen, die ihre körperlichen und seelischen Bedürfnisse befriedigen. Die Quelle dieser Befriedigung kann durchaus gesellschaftlich sanktioniert sein, nehmen wir nur die Familie als Beispiel.

Lieben wir unsere Familie ihrer selbst wegen oder weil sie unsere körperlichen und seelischen Bedürfnisse stillt? Hängen wir an ihr, weil wir sie lieben oder weil wir Angst haben? Kann ein Zustand der Liebe dazu führen, dass wir klammern? Verwechseln wir Bedürfnisbefriedigung mit Liebe? Wenn wir einer bewusstseinsmäßigen Täuschung erliegen, bei der wir uns als getrennt vom Rest der Menschheit, von den Geschöpfen und der Schöpfung erleben, ist dann nicht unsere Lebensqualität das Hauptopfer? Entziehen sich uns dann nicht echte und dauerhafte Erfüllung, Frieden und Freude? Endet unsere so genannte Liebe dann nicht im Schmerz? Kann aus Liebe Leid entstehen?

Unser Geist klammert sich an Muster, Menschen, Orte, Beziehungen,

Vergnügungen und die Befriedigung von Bedürfnissen. Dieses Klammern bedeutet Gefangenschaft, während Liebe Freiheit ist. Sie bindet weder uns noch den anderen. Im Zustand der Liebe sind wir vereinigt in gemeinsamer Zusammengehörigkeit und Freiheit. Wir erleben Freiheit aus einer eingeengten Selbstidentität heraus, die auf einem Gefühl der Getrenntheit beruht, wir erleben Freiheit aus einer ausschließenden Lebensweise heraus. Wir erleben Einheit und Zusammengehörigkeit mit einem anderen Menschen, so dass unser beider Getrenntheit zerstört wird. In dieser Feier der Alleinheit, in dieser einenden Bewusstheit, die nicht an die Fesseln von Vorstellungen und Glaubenssätzen, Konditionierungen und Erfahrungen gebunden ist, ist Liebe. Liebe ist eine befreiende Erfahrung, sie ist das Ende des Kummers. Wie also soll Kummer eine Folge der Liebe sein können?

Unser Schmerz ist eine Folge unserer Ignoranz und unseres Festhaltens. Er wird verursacht durch die Furcht vor der Leere und Einsamkeit, vor Ungewissheit und vor dem Unbekannten. Die Unfähigkeit, im gegenwärtigen Augenblick zu bleiben, lässt uns in Vergangenheit und Zukunft flüchten. Sie verzerrt unsere Wahrnehmung der Gegenwart wegen der Eindrücke aus der Vergangenheit und durch die Ängste oder Hoffnungen für die Zukunft. Erinnerungen und Phantasien erzeugen Kummer. Der Schmerz des Anhaftens erzeugt Kummer. Quelle des Kummers ist der Strick des Anhaftens, nicht der Duft und die Frische der Liebe. Ja sogar wenn der Mensch, dem meine Liebe gilt, nicht mehr lebt oder sich von mir getrennt hat, bleibt die Liebe ein Duft, der den Schmerz heilt und uns neue Kraft schenkt. Von dieser Quelle trinken wir, um neue Kraft zu schöpfen. Liebe ist eine unerschöpfliche Kraftquelle und das Ende allen Schmerzes. Wie also soll Liebe eine Ursache des Kummers sein können? Unser Kummer entsteht durch unsere Ignoranz und unser Anhaften. Verharren wir wirklich in der Liebe, werden wir von allem Kummer geheilt.

ESSAY 42

Die Kraft der Liebe

Liebe ist ein Zustand der Glückseligkeit, der Freude und Freiheit, des Friedens und der Erfüllung. Liebe bedeutet ein Niederreißen aller Barrieren und Begrenzungen. Es ist ein kraftvoller Zustand, voller Einfühlungsvermögen und Verständnis, Selbstlosigkeit und Freigebigkeit. Sie geht über das Bekannte hinaus, in einer Frische und Feier dieses einzigartigen Augenblicks. Mit Vergnügen und Freude nimmt sie unsere essentielle Einheit an. Sie ist Bestätigung unseres tiefsten Selbst und unserer Identität mit der gesamten Schöpfung. Sie ist das Ende der Angst und des Schmerzes. Sie ist die Quelle aller Tugend und Opferbereitschaft, aller Kraft und Stärke. Da sie die tatsächliche Einheit der Schöpfung umfasst, bildet die Liebe auch den Höhepunkt der Weisheit und des Einfühlungsvermögens, den edelsten Gedanken, die edelste Handlung, die größte Tat und Leistung. Deshalb stellt die Liebe den Kern eines sinnvollen Lebens dar. Sie versinnbildlicht unser wahres Wesen, jenseits allen Denkens und aller Konditionierungen. Sie reißt die Barriere der Getrenntheit nieder, die Angst und Unsicherheit hervorrufen. Die Kraft der Liebe löst unser ausschließendes, unbedeutendes, getrenntes Selbstbild in grenzenlose Bewusstheit auf.

Im Zuge der geschlechtlichen Vereinigung gibt die Natur in ihrer Großzügigkeit jedem Wesen die Möglichkeit, ein paar flüchtige Augenblicke lang intensive körperliche Lustgefühle zu genießen. Im Moment eines intensiven Höhepunkts schweben wir sozusagen in einem

Zustand grenzenloser Glückseligkeit. Und doch ist das nur ein schwacher Abglanz dessen, was möglich ist. Eine Empfindung ist stets nur von kurzer Dauer. Durch die im Tiefschlaf erlebte Glückseligkeit erinnert uns die Natur ein weiteres Mal an die Möglichkeiten des Seins. Es ist ein Hinweis auf etwas Vollständiges und Glückseliges. Doch dauerhafte Glückseligkeit, wie wir sie anstreben, ist ganz bestimmt kein Kriterium körperlicher Wahrnehmung. Glückseligkeit ist zwar möglich, aber wenn wir unendliche und dauerhafte Glückseligkeit anstreben, müssen wir anderweitig suchen. Das scheint die Botschaft vergänglicher körperlicher Freuden zu sein. Dauerhafte Glückseligkeit geht weit über körperliche, seelische und geistige Freuden hinaus. Doch durch die Kraft der Liebe kommen wir ihr ein Stück näher.

Der Zustand der Liebe scheint eine völlige Antithese zu bilden zum Zustand des Egoismus. Ersterer ist selbstlos, letzterer selbstsüchtig. Der eine ist aufopferungs- und hingabevoll, der andere klammert und hält fest. Liebe ist ohne Angst und vertrauensvoll. Das Ego jedoch wird immer ängstlich zweifeln. Liebe schwingt sich in die Höhen der Größe auf und erstrebt Unsterblichkeit. Das Ego hingegen ist ständig auf der Suche nach sich selbst, das sich ums eigene Überleben, ums eigene Fortkommen sorgt. Wie soll aus einem ausschließlichen, als getrennt empfundenen Selbst Liebe entspringen? Wie kann „ich" lieben? „Ich" und Liebe sind ein Widerspruch in sich. In der Liebe gibt es nur das „Wir". Liebe umfasst alles, mit dem sie in Berührung kommt, schließt es in sich. Wer kann dieser Kraft widerstehen?

Liebe ist deshalb unser tiefstes Selbst, unser wahres Wesen. Sie ist jenseits dessen, was wir gelernt, erfahren und umgesetzt haben. Sie steht jenseits von kultivierten Verhaltensweisen und angehäuftem Wissen. Sie geht über Dünkel und Stolz hinaus. Sie lässt Selbstsucht und Neid, Erwerb und Anhäufung materieller Güter hinter sich. Liebe geht in ihrer ganzen Kraft und Pracht über die Angst vor dem Tod hinaus. Liebe lebt für etwas, das größer und großartiger als ihr eigenes Überleben ist. Dazu ist sie sogar bereit zu sterben. Der Tod des eigenen Körpers ist für jemanden, der für die Liebe lebt und stirbt, lediglich ein unbedeutendes Detail. Hinter all unseren glorreichen Errungenschaften, Einsichten, Weisheiten und Lernerfolgen steht als Motor die Kraft der Liebe. Die Liebe zur gesamten Menschheit, Mitgefühl für die Armen und Leidenden, die Liebe zur Natur, die Liebe zum nächsten wie zu sich selbst – all das entspringt der wahren Quelle unseres Selbst, wo ein unerschöpflicher Schatz unserer harrt. Dieses unsichtbare Unbekannte ist der Ursprung der Liebe, den wir nur in absoluter Stille, nur durch ein ungebrochenes Bewusstsein, das nicht durch Einteilungen und Kategorisierungen des Denkens vernebelt ist, kennenlernen können. Diesen Ursprung der Liebe erleben wir nur als tiefe Erfahrung jenseits kognitiven Erkennens, jenseits jeder Beschreibung. Die Kraft dieser Erfahrung wird uns für immer verändern. Es ist die Kraft unendlicher Liebe. Liebe gibt ohne Ende und verlangt nichts dafür. Liebe verschenkt sich als Ausdruck ihrer eigenen Kraft und Fülle, als Ausdruck ihrer eigenen Vollkommenheit.

Liebe ist Verkörperung von Geduld. Sie wirkt unermüdlich, ohne etwas dafür zu erwarten. Liebe sucht nicht, sie macht es uns möglich, uns wieder aufzurappeln, wenn wir gestrauchelt sind. Sie erfüllt unser Bewusstsein und bereichert unser Leben bis zum letzten Atemzug. Liebe eliminiert alle Überreste unserer Wahrnehmung der Getrenntheit. Die Illusion des Körpers, die Selbsttäuschung des Geistes und die Verwirrung des Intellekts, alles Dinge, die dazu führen, dass wir hartnäckig an die Getrenntheit unserer Existenzen, an ein von den anderen getrenntes Leben glauben, wird durch die tiefe Erfahrung der Liebe zunichte gemacht. Liebe gibt es in unzähligen Arten und Formen, unzähligen Schattierungen und unterschiedlichster Intensität. Doch allenthalben bereichert sie unser Leben. Allenthalben bekräftigt sie unsere essentielle Alleinheit und führt Vorstellungen von Getrenntheit und Konflikten ad absurdum, die auf falschen Vorstellungen des voneinander Getrenntseins basieren. Der Tod des Egos ist der Triumph der Liebe. Sie signalisiert die ewige Alleinheit allen Lebens und der gesamten Schöpfung.

Liebe kann nie aus einer engen, getrennten Selbstidentität entspringen. Dennoch geht diese enge Selbstidentität in der Liebe zu Ende. Liebe ist ein Meer und Friedhof für unzählige Egos. Viele stolze Schiffe der Getrenntheit sind in den gewaltigen, nicht auslotbaren Tiefen dieses Meeres gesunken. Das Ego ist nur eine Puppe aus Salz, deren Schicksal es ist, mit einem unendlichen Meer der Liebe zu verschmelzen und sich dort zu verlieren. Diese unendliche Kraft ist unser tiefstes Selbst.

ESSAY 43

Kann Liebe ichbezogen sein?

Liebe ist ihrem Wesen nach selbstlos und verlangt keine Gegenleistung. Der ichbezogene Anspruch auf Bedürfnisbefriedigung kommt in Beziehungen oft als Liebe daher, so als habe jeder der Partner ein Recht darauf. Dabei entstehen häufig verständlicherweise Zorn und Schuldgefühle, sobald jeder der Beteiligten die Befriedigung seiner Wünsche einfordert. Die Befriedigung körperlicher und seelischer Bedürfnisse kann nicht Liebe sein. Es kann vorkommen, dass Liebe zufällig unsere körperlichen und seelischen Bedürfnisse stillt. Dennoch ist die Liebe eigentlich ein Zustand selbstlosen Schenkens, bei dem wir bereit sind, bis an die Grenzen unserer Fähigkeiten zu gehen, ohne eine Gegenleistung zu verlangen. In der Regel erlebt der Durchschnittsmensch diese Liebe innerhalb eng gesteckter Grenzen. Sie bezieht sich auf ein paar wenige Familienmitglieder und Freunde. Im größeren Maßstab betrachtet, wird diese Liebe auf einen erweiterten Kreis ausgedehnt und vermag dann einer Gemeinschaft, ja einer ganzen Nation zugute zu kommen. Wenn Liebe zur vollen Blüte gelangt ist, umfasst sie alles, was existiert. Alle Grenzen der Getrenntheit verschwinden im Zuge einer beispiellosen Erfahrung von Freude und Ekstase. Wenn also unser wahres Potenzial triumphiert, sind wir eins mit der gesamten Schöpfung. Wir erheben uns über enge, bruchstückhafte Mauern und schweben in einem Zustand der Ekstase und Freiheit, sobald wir diese einzigartige Einheit mit der gesamten Schöpfung erleben und feiern.

Im weitesten und tiefsten Sinne ist es dieses Gefühl absoluter Einheit mit allem, was es gibt, das höchste Liebe genannt wird.

Eigenartigerweise ist der Zustand höchster Liebe unser tiefstes Selbst, der Urgrund unseres Seins, er entspricht unserem wahren Wesen. Doch wir haben diesen Zustand vergessen und sind jetzt in komplexe Muster der Konditionierung verstrickt. Wir haben uns mehr oder weniger von unserem wahren Wesen der unendlichen Liebe und des Mitgefühls, der unendlichen Bewusstheit und des Verständnisses entfremdet. Die Wiederentdeckung dieses Kerns, dieses unbezahlbaren Schatzes, das ist die Reise unseres Lebens. Alles andere sind lediglich Ablenkungen davon. Die Rückkehr zu unserem tiefsten Selbst, bei der wir alle angelernten Ideen der Getrenntheit vergessen, das ist der Weg der Liebe. Der Weg der Liebe ist eine Rückkehr zur Einfachheit. Er durchschneidet alle Komplexitäten und rührt an das Wesen des Lebens. Die Liebe kommt an den Kern dessen, was wir in Fröhlichkeit zu leben und miteinander zu teilen haben. Sie spricht die Sprache des Herzens und durchschneidet komplexe Vorstellungen und Ideen, sie bricht aus dem konzeptuellen Gefängnis aus. Doch wenn wir zur Liebe zurückkehren wollen, müssen wir zur Selbstlosigkeit zurückkehren. Wir müssen in einem Zustand verharren, in dem wir geben, ohne etwas dafür zu erwarten. Das wird offensichtlich nur dann passieren, wenn wir die reine Freude selbstlosen Gebens erfahren haben. Somit ist Liebe keine angelernte Reaktion, sie kennt keine Methode oder Technik. Sie bedeutet Rückkehr zu Spontaneität und Einfachheit, vor allem aber zur Selbstlosigkeit.

Selbstlosigkeit bedeutet nicht, keine Selbstidentität oder kein Selbstbewusstsein zu haben, sondern dass wir nicht an ein statisches Selbstbild gebunden sind, dass wir nicht eingeengt sind durch begrenzende und ausschließliche Selbstliebe. Und vor allem heißt Selbstlosigkeit, sich als Einheit mit dem Rest der Schöpfung wahrzunehmen. Sie bedeutet, den begrenzenden Eindruck der Getrenntheit aufzuheben, die zu Angst, Einsamkeit und Verzweiflung führt. Man fühlt sich nicht gebunden an ein illusorisches Klammern, an „zu mir gehörige" Menschen und Orte. Man gibt die Konditionierung einer selektiven Identifizierung auf und legt die Vorstellung eines getrennten Selbst ab. Man glaubt nicht mehr an ein isoliertes Dasein oder daran, nur ein kümmerliches Fragment darzustellen. Und auch andere werden nicht mehr als isolierte Fragmente erlebt. Vielmehr gewinnt man die tiefe Einsicht, dass die Schöpfung eigentlich im wesentlichen eine Einheit bildet, die sich nur hinter den verschiedensten Erscheinungsformen und scheinbaren Konflikten verbirgt. Um dieser Einheit gewahr zu werden, müssen wir die Barriere der eigenen Getrenntheit niederreißen. Um unsere Getrenntheit aufzuheben, müssen wir uns über Konzepte wie „Ich" und „mein" erheben und zum Wesen, zur Quelle unserer Liebe gelangen. Im Rahmen dieser Liebe löst sich unsere begrenzte, getrennte Selbstidentität in der Ekstase grenzenloser und ungeteilter Bewusstheit auf.

Das Gefängnis der Getrenntheit entstand auf der Grundlage eines natürlichen Überlebensinstinktes, der den Menschen im wesentlichen als identisch mit seinem Körper sieht. Vom rein Körperlichen her gesehen, ist das eine natürliche und notwendige Reaktion aus dem Bauch heraus, um so unser eigenes Leben zu schützen. Doch aus dieser Saat der Natur entsteht in unserer Vorstellung eine Trennlinie zwischen uns und den anderen, eine ichbezogene Denk- und Handlungsweise. Die Herausbildung einer ichbezogenen Existenz ist die Verneinung und der Tod der Liebe. Liebe ist ein Zustand der Einheit mit unserer Umgebung, der Natur, anderen Menschen, mit allem, was existiert. Sie ist eine tief in unserem Herzen empfundene fundamentale Einheit, keine Negation der Mannigfaltigkeit und Unterschiedlichkeit, der Einzigartigkeit und Individualität.

Die Liebe holt einfach aus und reißt unseren Größenwahn nieder. Für ein liebevolles Herz spielen Zustimmung durch andere oder die Glorifizierung anderer oder der eigenen Person so gut wie keine Rolle. Ein liebevolles Herz wendet sich in Einheit und Einfachheit an andere. Sein Lohn ist das bedingungslose Verschenken seiner selbst, dieses Herz jubiliert, wenn es sich zur Bestätigung und Feier der Einheit verschenken kann. Die Rückkehr zu Einfachheit und Liebe bedeutet die Rückkehr zu Liebe und Mitgefühl. In der Liebe zu verharren heißt, sich ohne Ende zu verschenken. Sich endlos zu verschenken bedeutet, in zeitloser Bewusstheit verwurzelt zu sein, und das ist ein unerschöpfliches Gut. Es liegt auf der Hand, dass das unerschöpfliche Gut zeitlos ist und jenseits aller Barrieren und Begrenzungen existiert. Jede Form ichbezogenen Handelns bildet eine Barriere, eine Begrenzung. Deshalb ist ein ichbezogenes Leben die Antithese zur Liebe, und Liebe ist ein Synonym für den Zustand der Selbstlosigkeit. Liebe bedeutet nicht, die eigene Identität zu verleugnen, sondern die Weigerung, an eine begrenzte und fragmentierte Version davon zu glauben. Liebe heißt, auf unendliche Möglichkeiten zu vertrauen. Damit ist Liebe selbstredend frei vom Klammern und von Angst und trachtet nur danach, sich selbst auszudrücken. Das ist ihre Belohnung. Liebe umfasst naturgemäß das Leben in all seinen Erscheinungsformen. Sie weigert sich, ins enge Verließ des Dünkels und Vorurteils, der Selbstverherrlichung und des Neids eingesperrt zu werden.

Jede Form der Bitterkeit und des Konflikts, der Ignoranz und des Leids ist an die Vorstellung eines abgetrennten Selbst geknüpft, das mit dem Rest der Schöpfung nichts zu tun hat. Wenn wir uns aus Angst oder Gewohnheit an dieses Getrenntsein klammern, stellen wir die Möglichkeit der Liebe in Abrede. Getrenntheit und ichbezogenes Handeln werden stets von Einsamkeit, Zweifel und Angst begleitet, während die Liebe im Gefolge der Freude, des Mitgefühls und der Zufriedenheit richtig aufblüht. All unser Wissen, all unsere Lernbereitschaft ist nutzlos, wenn dadurch Dünkelhaftigkeit und ein ichbezogenes Leben gefördert werden. Ohne das helle Licht der Liebe werden Bücher zu Hindernissen auf dem Weg zur Weisheit. Unsere Getrenntheit ist eine angelernte Reaktion, ein in der Angst wurzelnder Überlebensinstinkt, geschaffen durch natürliche Anlagen und Erziehung. Wenn wir einfach in Stille verharren und unsere Aufmerksamkeit ganz auf unsere innersten Gedanken und Gefühle richten, werden wir einer Stille teilhaftig, in der die Liebe ruht. Liebe kann nie sterben, da sie den Urgrund unseres Lebens darstellt, ob wir das wahrhaben wollen oder nicht. Liebe ist der Kern unseres Seins, sie ist unsere wahre Natur. Wir brauchen nichts weiter zu tun, als in Stille und Einfachheit zu ihr zurückzukehren.

ESSAY 44

Gibt es Verständnis ohne Liebe?

Häufig wird unser Leben beherrscht von Empfindungen, Vorlieben, Abneigungen und Ideen. Solch vergängliche Phänomene bilden dann die Grundlage unserer Entscheidungen und Handlungen. Wie also können wir zu Verständnis gelangen? Unsere Empfindungsfähigkeit lässt uns zwischen heiß und kalt, zwischen Freude und Schmerz unterscheiden. Doch wenn wir uns auf physische Kriterien verlassen und das Streben nach sinnlichen Genüssen zum Leitprinzip wird, wie sollen wir dann innere Gelassenheit und Zufriedenheit erreichen?

Wie sollen wir ohne Abgeklärtheit und Seelenruhe zu Verständnis und Einsicht gelangen?

Empfindungen sind etwas Natürliches. Freude und Schmerz sind etwas Natürliches. Gefühle sind etwas Natürliches, ebenso wie Vorlieben und Abneigungen. Ideen welcher Art auch immer sind etwas Natürliches. Doch wenn wir daran kleben bleiben, verharren wir auf der Oberfläche des Lebens. Es gibt für uns keine tiefe Gelassenheit, keine Zufriedenheit, solange wir uns auf vergängliche Empfindungen, Gefühle und Gedanken konzentrieren. Natürlich können uns unsere Empfindungen hier und da großes Vergnügen bereiten. Unsere Gefühle können uns Freude schenken, und unser Intellekt vermag eine Quelle des Wissens und des Genusses für uns zu sein. Doch all das ist vergänglich. Ein vorübergehendes Vergnügen kann nicht ewig dauern. Da in uns ein Hunger nach dauerhaftem Frieden, nach dauerhafter Freude vorhanden ist, kommt es unweigerlich zu Enttäuschungen, wenn wir auf unseren Empfindungen, Gefühlen und Gedanken beharren. Wir müssen über diese Dinge hinausgehen, an das Bewusstsein herankommen, das diesen Zuständen zugrunde liegt. Wir müssen den Urgrund unseres Wesens, die Grundlage unserer Beobachtungsgabe erforschen. Hier ist die Quelle unendlichen Genusses, unserer Erfüllung, Liebe und Freude. Und in dieser Liebe liegt ungewöhnliches Verständnis.

Das Verständnis, das aus unserem unbegrenzten und ungebrochenen Bewusstsein erwächst, ist unmittelbar und frei von Vorstellungen. Es kennt keine Vorurteile, keine Vorlieben oder Abneigungen. Es macht keine Fehler und bedarf keiner Beweise. Es ist ein spontanes, unmittelbares Erkennen, das aus dem Verbleiben in absoluter Bewusstheit, unserem tiefsten Selbst, rührt. Dieser Zustand bedeutet in unendlicher Liebe und unendlichem Verständnis zu sein. Das heißt, Verständnis zu erlangen ist keine Folge von Theorien oder gesammelten Erfahrungen. Es ist auch nicht die Folge übernatürlicher Phänomene, eines guten Gedächtnisses oder der Phantasie. Unser wahres Wesen ist Bewusstheit und Verständnis, ebenso wie es unserer wahren Natur entspricht zu geben, zu empfangen und in der Liebe zu verharren. Die Liebe kommt spontan, da wir Wellen in einem einzigen Meer sind und uns der Einheit der gesamten Schöpfung von Natur aus bewusst sind. Diese natürliche Liebe, dieses natürliche Einfühlungsvermögen lässt sich in Augenblicken der Arglosigkeit erkennen, in den kurzen Momenten, in denen wir echte Gelassenheit und

Freude erfahren, in jenen vergänglichen Momenten, in denen konditionierte Reaktionen keine Macht mehr über uns haben.

Wer durch Theorien und Konzepte zu Verständnis gelangen will, ergeht sich in geistig-intellektuellen Übungen. Dadurch werden wir vielleicht in die Lage versetzt, Konzepte und Ideen zu verbalisieren. Doch das sind lediglich Annäherungen und Landkarten. Das Territorium ist unvergleichlich größer, das Terrain viel komplexer und schwieriger zu durchqueren, wenn wir nur auf den schwachen Beinen vergänglicher Ideen, Gefühle und Empfindungen stehen. Wollen wir das Territorium unseres eigenen Lebens, unseres eigenen Denkens sachlich und gründlich erforschen, benötigen wir die Kraft eines grenzenlosen Verständnisses, das aus absoluter Bewusstheit und unendlicher Liebe rührt. Liebe bedeutet einen Zustand der Einheit mit allem, was es gibt. Es gibt nichts, was auf Trennung hindeutet oder so wahrgenommen wird. Es gibt keine Trennung, die sich auf die Dichotomie des Denkens zurückführen ließe. Es ist eine gedankenfreie Bewusstheit, in der man sich eins fühlt mit dem Rest der Schöpfung. Unterschiede existieren an der Oberfläche, im Bereich der Erscheinungen. Den Kern aller Dinge bildet ein grenzenloses, ungeteiltes, unendliches Bewusstsein. Wenn wir dort verharren, erleben wir unbeschreibliche Gelassenheit und Freude. Da wir in völliger Erfüllung leben, kennen wir keine Konflikte, die auf Unzufriedenheit basieren, und wir laufen der Erfüllung nicht hinterher. Wo kein Konflikt ist, da herrscht Frieden. Aus Frieden und Gelassenheit erwachsen Klarheit und Einsicht, Mitgefühl und Liebe, Verständnis und Bewusstheit.

Solange wir nach Verständnis streben, erreichen wir es nicht. Der Wunsch zu verstehen wird zur Barriere, die uns in die Irre führt. Der Wunsch erzeugt eine Wand zwischen dem zu begreifenden Objekt und einem selbst. Indirekt erlebtes Verständnis ist wie der Schmerz eines anderen Menschen, der nur gesehen oder gehört wird: ein schwacher Abglanz der Erfahrung aus erster Hand. Dementsprechend ist das Medium der Sinne, sind Geist und Intellekt in ihrer Reichweite und Kraft beschränkt und begrenzen daher unser Verständnis. Da wir dazu neigen, unser Leben vorwiegend auf einer dieser Ebenen zu verbringen, werden wir durch dieses Medium des Bewusstseins eingeengt. Leben wir in erster Linie auf der Ebene der Empfindungen, so erfahren wir Freude und Schmerz als wichtigste Faktoren unseres Denkens und Handelns. Da das, was uns jetzt Freude bereitet, später Schmerz nach sich ziehen kann, wird unser Leben zunehmend komplexer und unvorhersagbarer. Dann sind wir den Winden der Unwägbarkeit, dem unerklärlichen Wechsel zwischen Freude und Schmerz schutzlos ausgeliefert.

Da wir nicht in der Lage sind, andere Hilfsmittel als unsere körperlichen Empfindungen auszumachen, wird das Leben auf die Jagd danach reduziert und in jeder Phase von unzähligen Risiken heimgesucht. Haben wir erlebt, was Schmerz ist, fürchten wir uns davor. Dadurch entsteht ein Muster, das nach Freude trachtet und Schmerz vermeiden will.

Die Realität lässt sich weder verleugnen noch können wir ihr entkommen. Da wir einflussreichen Mustern aus Vorlieben und Abneigungen auf der

Grundlage von Freude und Schmerz unterworfen sind, sehen wir uns gezwungen, anzunehmen und abzulehnen. Akzeptanz und Ablehnung beruhen auf willkürlichen Vorlieben und Abneigungen, nicht auf realen Tatsachen. Weisheit entfaltet sich in einem Bewusstsein, das das Leben in jedem Augenblick so nimmt, wie es ist. Dann kleben wir nicht mehr an irgendwelchen Mustern. Unser Bewusstsein wird nicht durch Vorstellungen und den daraus resultierenden Vorurteilen fragmentiert. Mit diesem von allen Barrieren befreiten Bewusstsein erleben wir die Ekstase totaler Freiheit. Wir sind von der Angst selbst befreit. Da wir in der Einheit verharren und unsere Einheit mit der gesamten Schöpfung erfahren, ist die Angst vollständig und grundlegend gebannt. Dieser Zustand völliger Freiheit, Bewusstheit und Ekstase heißt Liebe. Und hier finden wir auch außergewöhnliches Verständnis, kein bedingtes, auf Details beschränktes Verständnis, das Irrtümern und Grenzen unterliegt, sondern ein unmittelbares und totales Verständnis.

Dieses Verständnis ist Liebe in Aktion. Können wir jemanden lieben, wenn wir ihn oder sie nicht verstehen? Können wir jemanden verstehen, wenn wir ihn oder sie nicht lieben? Wo keine Liebe ist, bleibt das Verständnis oberflächlich und auf Details beschränkt. Liebe öffnet die Tür zum vollständigen Verständnis.

ESSAY 45

Kann es Zufriedenheit ohne Liebe geben?

Jeder Mensch trachtet in seinem Leben nach Zufriedenheit. Wünsche tauchen auf, verschwinden wieder, und neue kommen uns in den Sinn. Die Quelle unserer Wünsche ist unerschöpflich. Diese Quelle ist die unrealistische Vorstellung vom „Ich“. Wie können die Wünsche einer unrealistischen Vorstellung real sein? Sie sind nur eine endlose Kette immer neuer Bilder und Illusionen, wie eine Fata Morgana, wie ein Regenbogen oder wie die wechselnden Farben eines Chamäleons. Die Befriedigung von Wünschen, sieht man von den grundlegendsten einmal ab, ist eine sinnlose Übung. Ein Feuer löscht man nicht, indem man Öl hineingießt, und Wünsche bringt man nicht zu Ende, indem man sie erfüllt. Dennoch müssen wir unsere Grundbedürfnisse befriedigen. Die Lösung wäre also, wenn möglich diese zufrieden zu stellen und die geistigen Vorgänge zu erforschen, durch die unsere Wünsche entstehen, has heißt das subtile Wesen des Egos zu untersuchen, das ständig sinnloserweise einen Wunsch nach dem anderen hervorbringt. Diese nie endende Spirale unserer Wünsche vermag uns ein Leben lang in Atem zu halten, ohne uns je das Gefühl der Zufriedenheit zu vermitteln. Dennoch treffen wir auf Menschen, die in verschiedenen Phasen ihres Lebens Zufriedenheit, Erfüllung, Befriedigung, Freude und Gelassenheit erleben. Wie machen sie das?

Zufriedenheit ist der Begleiter der Liebe. Das Fehlen von Liebe bedeutet Wünschen. **Wo Liebe ist, herrscht Zufriedenheit.** Betrachten wir einen Gärtner, der sich liebevoll um seine Zöglinge kümmert, oder eine

Hausfrau, die ihr Kind für die Schule anzieht. Welch ungewöhnliche Liebe, welche Zufriedenheit in ganz unspektakulären Augenblicken: schlichtes Leben, einfach nur Liebe und Zufriedenheit. Wenn ich meine täglichen Aufgaben mit Aufmerksamkeit und Konzentration erledigen kann, mit Sorgfalt, Anteilnahme, Engagement und Liebe, erlebe ich Zufriedenheit. Die Liebe, die ich in meine Arbeit stecke, gebiert Zufriedenheit. Denn Liebe verschenkt sich, ohne eine Gegenleistung zu erwarten.

Wenn du das verschenkst, was du hast, wie sollte sich da keine Zufriedenheit einstellen? Tiefe Zufriedenheit wird unser treuer Begleiter, wenn man in der Liebe lebt. Einem Sonnenaufgang oder -untergang zuzuschauen kann uns mit Zufriedenheit erfüllen. Einfach zu leben, einen tiefen Atemzug zu nehmen kann uns mit Zufriedenheit erfüllen. Ein einfaches Essen kann uns mit Zufriedenheit erfüllen, ja Zufriedenheit kann sich sogar einstellen, wenn wir gar nichts besitzen oder tun, aber mit Liebe erfüllt sind.

Lieben heißt, dass der Geist frei von Konflikten ist. Lieben heißt, natürlich zu leben, ohne Mühe, aufmerksam, bewusst, einfach und spontan. Mit totaler Intensität zu leben, bedeutet totale Zufriedenheit. Eine harte Holzpritsche als Bett kann nach einem harten Arbeitstag Zufriedenheit und Ruhe bedeuten. Das Mahl eines armen Mannes kann für einen hungrigen Magen und einen von Konflikten freien Geist wie ein üppiges Bankett sein. In der eigenen fundamentalen Leere zu verharren, ist die Quelle aller Liebe, allen Bewusstseins, der Freude und Zufriedenheit. Eines ist jedoch über alle Zweifel erhaben: Ohne Liebe kann der Geist nie frei von Konflikten sein. Und solange es Konflikte gibt, sind weder Frieden noch Zufriedenheit möglich. Ohne Liebe gibt es also keine Zufriedenheit. Liebe erhalten wir nur durch die Bereitschaft zu geben. Um Liebe zu bekommen, muss man sie verschenken. Im kleinen, in einer einzigen freundlichen Handlung, in einem Nicken, in einem höflichen Wort – in allen Handlungen der Geduld und Freundlichkeit steckt Liebe. Geduld ist das Herz der Liebe. Liebe ist das Herz der Zufriedenheit. Ein wirklich zufriedener Mensch verfügt über unerschöpfliche Fähigkeiten zu lieben. Wo keine Liebe, da keine echte Zufriedenheit.

Man kann eine Reise um die Welt machen, Geld wie Heu haben, über Macht und Einfluss verfügen, mitten im gesellschaftlichen Leben stehen und andere um den Finger wickeln. Trotzdem gibt es ohne Liebe keine Zufriedenheit. Liebe bedeutet dabei nicht unbedingt eine Frau-Mann-Beziehung, sondern meint das Leben in seiner Gesamtheit. Wo immer Geduld, Freundlichkeit, Anteilnahme, Fürsorge, Aufmerksamkeit und Engagement eine Rolle spielen, tritt die Liebe auf den Plan – sei es Zuhause, bei Freunden, in der Familie oder Arbeit oder in Beziehungen. Vor allem aber gilt das bei der Zurückweisung von Bildern und Illusionen und bei der Annahme unserer eigenen Leere und Einsamkeit. In all diesen Dingen liegt außergewöhnliche Liebe. Im Zuge dieser Liebe ergibt sich höchste Zufriedenheit. Ganz gleich, ob man einen Berg besteigt, die Pflanzen gießt, einen Kuchen backt oder ein Spiel spielt oder einfach dasteht und den Mond betrachtet – wenn man es mit Bewusstheit, mit totaler Aufmerksamkeit, Offenheit und Hingabe tut, ist man im Zustand der Liebe. Und in dieser Liebe liegt völlige Zufriedenheit.

ESSAY 46

Leben und lieben

Warum hegen wir starke Gefühle für diejenigen, die uns nahe stehen, wie etwa Familienmitglieder oder Freunde? Wir lieben unsere Familie und Freunde, weil wir viel mit ihnen geteilt haben und sie uns nicht gleichgütig sind. Es sind die liebsten uns nahestehenden Menschen. Wir haben zusammen gelacht und geweint. Wir haben gelernt, zu vergeben und zu vergessen, und wir haben gelernt, sie zu lieben. Es liegt auf der Hand, dass es da eine Bindung gibt an gemeinsame Erlebnisse und angenehme Erinnerungen, an gemeinsame Träume und Hoffnungen. Deshalb sind wir alle bis zu einem gewissen Grad in der Lage, für andere Gefühle der Zuneigung und Liebe zu empfinden. Für bestimmte Menschen empfinden wir Liebe, wir zeigen ihnen unser Mitgefühl, sie gehören zu uns. Weshalb sollten wir den Kreis der Liebe und des Mitgefühls nicht auf die gesamte Menschheit und die Schöpfung ausdehnen können? Was hält uns davon ab?

Ganz allgemein gesprochen können wir nur das lieben, was wir kennen. Doch außerhalb des uns bekannten Kreises kennen wir niemanden. Es sind Fremde oder bestenfalls Bekannte für uns. Im speziellen können wir nicht lieben, was wir nicht als „zu uns gehörig“ betrachten. Die irrige Auffassung „Ich bin mein Körper“ hat weitreichende Folgen für unser ganzes Leben. Ein weiteres Beispiel mag das verdeutlichen: Selbstredend liebe ich, was „zu mir gehört“. Nun haben wir zum Teil auch als Folge unserer Erziehung gelernt, dass Fremde nicht „zu uns gehören“. Dieses Misstrauen, diese Vorbehalte leuchten ein, solange wir Kinder sind, wenn unser Überleben auf dem Spiel steht, wenn unsere Geborgenheit garantiert sein muss. Sollte unsere Sicherheit gar bedroht sein, ist dieses Misstrauen, sind diese Vorbehalte noch verständlicher. Doch sieht man davon einmal ab, warum liegen uns nur einige wenige am Herzen, während uns die meisten anderen gleichgültig bleiben?

Wir hängen an unserer Familie, an unseren Eltern und Freunden, weil wir Geborgenheit brauchen. Wir benötigen ihre Liebe und Unterstützung. Wir brauchen sie, um zu überleben, der Sicherheit wegen, weil sie für uns da sind, uns unterstützen, wahrnehmen und uns lieben. Es geht also im wesentlichen um die Befriedigung unserer Bedürfnisse. Doch haben wir unsere Familie und Freunde auch geliebt, als sie uns und unsere Handlungen kritisierten? Haben wir sie geliebt, auch wenn sie anderer Meinung waren, wenn sie sich geweigert haben, uns anzuerkennen oder zu unterstützen?

Können wir jemanden lieben, der absolut nichts dazu beiträgt, um unsere körperlichen und seelischen Bedürfnisse zu befriedigen? Zum Beispiel jemanden, der als Last empfunden wird – einen kranken, alten oder behinderten Menschen? Können wir so einen Menschen lieben? Wenn ja, spielt es eine Rolle, ob er „zu mir gehört" oder „nicht zu mir gehört"? Sind es nicht alles bloße Vorstellungen, gewohnheitsmäßige Denkmuster und Erinnerungen, die unsere Wahrnehmung des gegenwärtigen Augenblicks verzerren? Nennen wir verwirrtes Denken wirklich „Liebe"?

Bringen wir den Mut auf, in unbekanntes Terrain aufzubrechen? Haben wir den Mut zu lieben? Lieben können wir, wenn wir nicht nur unsere Bedürfnissee befriedigt haben wollen, wenn wir über das, was wir „kennen", über dieses „ich" und „meines" hinausgehen. Liebe ist ganz offenkundig selbstlos, sie verlangt keine Gegenleistung, sie gibt bedingungslos, ohne Misstrauen und Angst, ohne Erwartungshaltung und ohne besitzergreifend zu sein. Solch bedingungsloses Geben und miteinander Teilen nennen wir Liebe. Also, mal ganz ehrlich, haben wir unsere Eltern, unseren Ehepartner, unsere Kinder, Geschwister und Freunde wirklich geliebt? Oder haben wir sie wegen der Dinge geliebt, die sie für uns getan haben, damit wir überleben konnten oder weil sie unsere körperlichen und seelischen Bedürfnisse gestillt haben? Wie sollen wir das herausfinden?

Die Antwort liegt wie gehabt tief in uns selbst. Haben wir uns selbst bedingungslos geliebt? **Sind wir uns selbst gegenüber freundlich und liebevoll eingestellt? Sind wir geduldig und liebenswürdig, verständnisvoll und nachsichtig uns selbst gegenüber? Diese in unserem Herzen verborgene tiefe Liebe bildet auf der Grundlage von Geduld und Freundlichkeit die einzige Basis für echtes Geben, für echte Liebe.** Denn wir können schlicht und einfach nicht verschenken, was wir nicht bekommen haben. Also blicken wir erneut tief in uns hinein, in Herz und Verstand, und untersuchen hier die tiefen Trennungen zwischen „Ich " und „Nicht-Ich", zwischen „Mein" und „Nicht-Mein" und ihren entsprechenden, einander bekämpfenden Vorstellungs-Sets. Vererbung und Erziehung haben bei der Konditionierung eine Rolle gespielt. Doch es liegt nun ganz und gar in unserer Verantwortung, diese Konditionierung rückgängig zu machen und zu unserer unberührten Unschuld zurückzukehren, die eingesperrte Pracht unseres unendlichen ungeteilten Bewusstseins zu befreien. Dies ist der einzige echte Zustand bedingungslosen Lebens, Gebens und Liebens. In diesem Zustand lieben wir jeden Menschen, jede Erfahrung, lieben wir uns selbst, die Natur, die Geschöpfe und die Schöpfung. Und wir lieben ohne Einteilung in „Ich“ und „Nicht-Ich“, in „Mein“ und „Nicht-Mein“: Wir lieben, weil wir über eine unbegrenzte Fähigkeit zu lieben verfügen.

Das ist keine versponnene Phantasie, in der nur Angenehmes geschieht. Es kann im Alltag durchaus Konflikte und die damit verbundenen Kämpfe geben. Doch tief in uns sprudelt ein Brunnen der Bewusstheit, der Liebe, der Glückseligkeit, unbelastet, leicht, fröhlich, gelassen, sicher und beruhigend. Tief in uns drinnen haben wir uns vom fundamentalen Irrglauben an ein getrenntes „Ich“, diesem Gefängnis der Getrenntheit, gelöst. In der Tiefe unseres eigenen Herzens haben wir die eingesperrte Pracht universellen Mitgefühls und der Liebe freigegeben. Hier suchen wir nach Trost und Kraft, wir beginnen jeden Tag mit frischem Mut, wir vergeben und vergessen, wir lernen und lachen. In diesem Bewusstseinszustand transzendieren wir unsere Vorstellungen von „ich“ und „mein“, wir lieben und geben bedingungslos, wir leben intensiv ohne Angst oder Bevorzugung, wir begegnen jedem Menschen mit Mitgefühl und Verständnis, und wir lernen zu leben und zu lieben.

ESSAY 47

Das Wesen selbstloser Liebe

Die Literatur, die Kunst, die Geschichte, das Drama und das reale Leben preisen die selbstlose Liebe als Höhepunkt dessen, was der Mensch zu erreichen vermag, als höchste Glückseligkeit und Ausdruck der Ekstase. Doch gibt es so etwas wie selbstlose Liebe überhaupt?

Wenn Liebe selbstlos ist, wer schenkt und wer empfängt sie? Wenn es sich jedoch nur um einen Mythos handelt, warum hat er solch mächtigen Einfluss? Warum findet jedermann Gefallen an solchen Mythen? Gibt es so etwas wie selbstlose Liebe überhaupt? Wenn ja, was ist das Wesen selbstloser Liebe? Liebe ist der Ausdruck von Zuneigung, Verständnis, Einfühlungsvermögen, Einheit und der Bereitschaft zu teilen und sich zu kümmern. Man drückt Liebe füreinander aus. Tiefe Liebe ist ihrem Wesen nach etwas höchst Persönliches, wie zum Beispiel zwischen Frau und Mann oder zwischen Eltern und Kindern. Dabei bringen zwei Individuen gegenseitig zum Ausdruck, dass sie einander am Herzen liegen, sich mögen, eine Einheit bilden. Die Mauer der getrennten Selbstidentität stürzt zusammen. Es handelt sich also um die Überwindung von Getrenntheit und Begrenzung, von Einsamkeit, Entfremdung und Verzweiflung. Wenn die Mauern der Getrenntheit eingerissen werden, erleben wir das ekstatische Gefühl der Einheit und Opferbereitschaft selbstloser Liebe.

Selbstlosigkeit heißt nicht, das Selbst wäre verschwunden, denn dann gäbe es niemanden, der Liebe schenkt und empfängt. Vielmehr bedeutet sie das Ende einer Selbstidentität, die auf einem Gefühl der Getrenntheit beruht, den Zusammenbruch der Grenzmauern, die Beendigung des Irrglaubens an ein getrenntes Selbst. Selbstlosigkeit feiert die Alleinheit, die Einheit der gesamten Schöpfung, eine Einheit, die eigentlich nicht begriffen werden kann, so dass ein unbeschreiblich, ekstatisches Gefühl sich einstellt. Diese Feier der Alleinheit mit den Menschen, der Natur, mit der gesamten Schöpfung, das ist Liebe. Liebe ist ihrem Wesen nach selbstlos, sie kennt nicht die Begrenzung eines getrennten Selbst. Sie ist eine Bestätigung der Einheit zwischen dir und mir, eine Bestätigung des Bewusstseins, das alle gemeinsam haben und miteinander teilen.

In jeder Spielart der Liebe gibt es Ekstase, sei es die Liebe der Eltern für ihre Kinder, die Liebe zu einem Ehepartner oder Lebensgefährten, die Liebe zu einem Haustier, die Liebe für die Arbeit, für ein Hobby, ein Anliegen, eine Leidenschaft, die Natur, die Musik, die Kunst oder die Ästhetik. Diese Ekstase ist eine Feier der Einheit, einer Alleinheit, wie sie allen Erscheinungen zu Grunde liegt, und des Zusammenbruchs der Mauer unseres getrennten Selbst. Die körperlich empfundene Getrenntheit bedeutet eine Begrenzung unserer sinnlichen Wahrnehmung. Sie läuft auf eine durch unsere Sinne empfundene Einschränkung der unmittelbaren Wahrnehmung unseres Körpers und des Körpers anderer Menschen hinaus. Wir nehmen durch unsere Sinnesorgane alles als durch Raum und Zeit getrennt wahr. Das eigene Selbst nehmen wir anhand eines unmittelbaren Bewusstseins wahr. Diese durch die Begrenztheit unserer Sinne verursachte Disparität bildet die von der Natur errichtete Mauer der Getrenntheit.

Der Einfluss der Gesellschaft und unsere Konditionierung von Geburt an unterstreichen eine Selbstidentität der Getrenntheit, die gepriesen und gestärkt wird. Unser inneres Gefühl für unser Selbst, unser Selbstbewusstsein, der innere Bezugspunkt bildet einen wunderbaren, ja den einzigen Bezugspunkt für die eigene Entwicklung. Doch sobald eine getrennte Selbstidentität zu unserer Lebensgrundlage wird, ganz gleich, ob erfolgreich oder erfolglos, führt uns und andere das Leben zwangsläufig ins Unglück. Denn ein Leben, das auf einer getrennten Selbstidentität aufbaut, stärkt die Mauer der Getrenntheit. Diese Barriere ist ein Trick der Natur und der Erziehung. Wir vertrauen auf Illusionen und Äußerlichkeiten und verraten damit Realität und Fakten. Wir bestreiten die Realität der Einheit aller Dinge. Verleugnen wir die Realität, öffnen wir dem Unglück Tür und Tor.

Die Illusion der Getrenntheit und der notwendige Vertrauenssprung zur Überwindung ihrer Grenzen ist die Herausforderung für die Liebe. Liebe kann man nicht durch Kampf erringen, sondern durch Aufgabe. Man gewinnt sie nicht durch Siege, sondern durch Niederlagen. Nicht durch Klammern, sondern durch Loslassen werden wir ihrer teilhaftig. Liebe bedeutet nicht, uns aufzubauen, sondern uns im Meer der Einheit zu verlieren. Sie dient nicht dazu, uns zu retten, sondern weckt das Bedürfnis, die Einheit mit anderen zu spüren. Sie ist kein Akt der Großartigkeit, sondern die Kraft der Liebe. Sie ist kein vortreffliches Rechenexempel, sondern der Triumph der Einheit aller Menschen.

Liebe ist keine Anbetung des Fleisches, sondern die Feier des Geistes. In der Feier der Einheit unseres tiefsten Selbst erblüht die Pracht selbstloser Liebe, einer Liebe, die keine Selbstidentität auf der Basis der Getrenntheit kennt.

ESSAY 48

Das Vergnügen heimlicher Liebe

Bereitet die Liebe größeres Vergnügen, wenn sie heimlich stattfindet? Warum bereitet sie uns größeres Vergnügen, wenn sie heimlich stattfindet?

Ich rede hier nicht von verbotenen Liebesbeziehungen und außerehelichen Verhältnissen. Diese haben wohl ihren einzigartigen Reiz und bergen Gefahren. Für mich ist ihr Reiz nur von vorübergehender Natur, und sie sind körperlich, seelisch, ethisch und spirituell die Risiken und Gefahren, die damit verbunden sind, nicht wert.

Wenn ich mich hier auf die heimliche Liebe beziehe, so meine ich eine Liebe, die so tief ist, dass sie nicht ausgedrückt werden kann. Fehlt die Möglichkeit des Ausdrucks, wenn man also diese Liebe nicht zeigen kann, weil sich ihre Tiefe nicht ausdrücken lässt, bleibt die Liebe im Verborgenen. Dennoch entzückt sie uns und erfüllt unser Herz mit Freude. Dieses außergewöhnliche Vergnügen, diese Ekstase, diese Verzückung, diese überwältigende Glückseligkeit und Freude, die wir im tiefsten Winkel unseres Herzens spüren, das ist das Vergnügen der heimlichen Liebe. Das ist unsere Beziehung zu unserem tiefsten Selbst.

Unser tiefstes Selbst ist unsere wahre Natur, und sie ist völlig unberührt von den Fesseln der Konditionierung, von den ausgetretenen Pfaden mechanischer Reaktionen und den sich wiederholenden Denk- und Handlungsmustern, die uns knechten und einschränken. Doch ohne diese geht es nicht. Sie sind Teil von uns, sobald wir auf die Welt kommen, und gehören zu unseren physischen, seelischen und geistigen Beschränkungen. Die engen Fesseln der Konditionierung, die uns abhängig gemacht haben, sind auch Folge unserer Zugehörigkeit zur Gesellschaft, in der wir aufwachsen. Diese durch die Begrenztheiten und Wertvorstellungen der Menschheit hervorgebrachte Gesellschaft mit all ihren dualen Auffassungen, Werten, Vergleichsmaßstäben, ihrer Achtung der Konformität, ihrer Unabdingbarkeit für unsere Sicherheit, unser Überleben, spielt in unserem Leben eine ganz entscheidende Rolle.

Wo immer zwei Leute zusammentreffen, bildet sich eine Art Gesellschaft im kleinen. Die Dynamiken dieser Gesellschaft, ihre Hierarchien und Werte, ihre Richtungen, Ziele und Mittel stellen eine komplexe Mischung aus dem Beitrag des Individuums und den Beziehungen der einzelnen Mitglieder untereinander dar. Wir wachsen in einer Gesellschaft auf und werden zwangsläufig durch sie konditioniert. Die Gesellschaft erhält ihre Bedeutung dadurch, dass sie uns Schutz gibt und das Überleben gewährleistet. Gesellschaftliche Konditionierungen gehen uns in Fleisch und Blut über, während wir in dieser Kultur allmählich heranwachsen.

Doch diese Konditionierungen binden uns lediglich an starre Denk- und Handlungsmuster. Um unsere ganze Spontaneität und Bewusstheit wieder zu erlangen, müssen wir uns vollständig von den alten Mustern unserer Konditionierung befreien. Allerdings können wir uns nicht aus der Gesellschaft ausklinken und in die totale Isolation gehen. Wir müssen unsere Freiheit finden, obwohl uns Fesseln angelegt sind, wir müssen unseren Platz trotz beengender Zwänge finden und wir müssen trotz der allenthalben zu beobachtenden Ignoranz zu mehr Bewusstheit gelangen. Inmitten unserer Konflikte, Frustrationen, Belastungen und schmerzlichen Erfahrungen müssen wir im eigenen Herzen nach der verborgenen Pracht suchen und sie wieder ausgraben. Inmitten von Schmerz und Hass gilt es, den heimlichen Brunnen der Liebe und Glückseligkeit, des Vergnügens und der Freude und Erfüllung in unserem Herzen zu entdekken. Wenn uns das gelingt, erleben wir die bislang nie gekannte Glückseligkeit und Freude einer heimlichen Liebe.

Diese Liebe hat etwas ganz Privates und Heimliches. Sie stellt die Beziehung zu unserem tiefsten Selbst dar. Die Erforschung dieser Beziehung, die Beseitigung der Hindernisse auf dem Weg, unser tiefstes Selbst zu suchen, es zu finden, anzuerkennen und anzunehmen, das ist unsere Reise aus der Unwissenheit in die Weisheit, aus der Verwirrung in die Klarheit, aus der Angst in die Furchtlosigkeit, aus dem Schmerz in die Freude. Die Beziehung zu unserem tiefsten Selbst und die Entdeckung unseres eigenen Bewusstseins wird unser gesamtes Leben grundlegend und sehr weitreichend verändern.

Ein Anfang lässt sich machen, indem wir bei jeder sich bietenden Gelegenheit zur Ruhe kommen, Körper und Geist in Aktion beobachten und die Grenzen unseres Intellekts registrieren. Wir können trotz schmerzlicher Erfahrungen, Konflikten, Ärgernissen, Aufregungen und aufwühlender Erlebnisse in ruhiger Stille verharren. Der Gang des

Lebens, die Jahreszeiten, der Wechsel von Tag und Nacht, von Ein- und Ausatmen und des Herzschlags hört nicht auf, nur weil sich unsere Gemütszustände verändern. In einem Augenblick haben wir das Gefühl, das Leben ist lebenswert, im anderen verzweifeln wir vielleicht daran. Doch unabhängig von unseren Empfindungen, Gefühlen und Gedanken geht das Leben weiter.

Das Panorama des Wandels beobachten und gleichzeitig in völliger Ruhe verharren, das ist das Vergnügen der heimlichen Liebe.

ESSAY 49

Ist Lernen ohne Liebe möglich?

Erziehung und Schulung durch Respektspersonen betonen Kontrolle und von außen kommende Disziplin. Das dürfte notwendig sein für die Festlegung grober Richtlinien, für die Vorgabe eines Rahmens, innerhalb dessen die Menschen ihren Alltag gestalten können. Doch kann Autorität und von außen auferlegte Disziplin jemals die Basis sein für Kreativität, höchste Qualität und Brillanz, für die Erweiterung des Bewusstseins und die Entfaltung unseres grenzenlosen Potenzials?

In dem Sinne, in dem der Schutz eines zarten Pflänzchens vor tierischem Verbiss durch ein Drahtgitter nötig sein kann, braucht auch der Mensch eventuell Schutz durch Kontrolle und von außen auferlegte Disziplin, um in der Phase des Erwachsenwerdens nicht unterzugehen. Das ist nichts weiter als eine Vorkehrung, die dazu dient, eine junge, zarte Pflanze, ein Tier oder einen Menschen in der verletzlichsten Phase der eigenen Entwicklung zu schützen. Doch können Autorität und Kontrolle über die Gewährleistung des Überlebens hinaus wirklich die Entwicklung eines Menschen fördern? Mir erscheint das unwahrscheinlich.

Lernen ist möglich wegen der Liebe, der bedingungslosen Liebe zu dem, was es zu lernen gilt. Ich meine die Art Lernen, die sich als Tor zu herausragenden Leistungen, zu immer neuem Wachstum und grenzenlosen Möglichkeiten versteht. Autorität und Kontrolle können durch das Mittel der Angst oberflächlich sehr effektiv sein, ja sogar zu einer stumpfsinnigen, mechanistischen Effizienz und zu Gehirnwäsche führen. Doch der tief in diesem Menschen glühende Kreativitätsfunke, die Quelle der Liebe, Freude, Gelassenheit und Zufriedenheit, sähe sich in eisernen Mustern erstarrt. Somit ist der Betreffende unglücklicherweise zu einem Leben in monotoner, steriler Effizienz verdammt. Zur Erlangung dieser Effizienz hat er viele kostbare Dinge geopfert, etwa die Fähigkeit, sich zu öffnen, seine Empfindsamkeit und sein Mitgefühl oder auch seine Aufgeschlossenheit gegenüber der neuen und zarten Magie der Liebe.

Letztlich sind wir das, was in uns als tiefster Wunsch existiert, und dieser reagiert nur auf das, was wir spontan lieben. Von daher bleibt Effizienz, die auf Autorität und Kontrolle basiert, oberflächlich. Auch wenn diese Effizienz Tiefe hat, ist sie nicht in der Lage, die Kraft der gesamten Person auf sich zu ziehen oder die unerschöpfliche Quelle all der Liebe, Gelassenheit, Weisheit und Freude anzuzapfen, die ihr tiefstes Selbst ausmachen. Damit wird das Tor zum Brunnen und zur Quelle ihrer gesamten Kreativität geschlossen. Das ist wie ein Mensch mit gutem Sehvermögen, der durch Gehirnwäsche dazu gebracht und gezwungen wurde, mit geschlossenen Augen durchs Leben zu gehen. Man könnte ihm erzählen, dass es in der Welt viel Böses und Schreckliches gibt, das es rechtfertigt, sein Leben lang mit geschlossenen Augen durchs Dasein zu gehen.

Das heißt, herausragende Leistungen entziehen sich einer Effizienz, die im Rahmen der Erziehung auf Autorität und Kontrolle beruht. Die Wurzel einer solchen Entwicklung ist die Angst vor dem Unbekannten.

Die Magie unendlicher Möglichkeiten, eines außergewöhnlichen Bewusstseins und einer ungewöhnlichen Offenheit dem Leben gegenüber kann nur wirken, wenn sie sich spontan aus bedingungsloser Liebe ergibt, aus der Liebe, dem Vertrauen und dem Mut, sich dem Unbekannten zu stellen.

Unser gesellschaftliches Gefüge, unsere Institutionen, unsere Art zu leben – in der Familie, bei der Arbeit, in unseren Organisationen und bei gesellschaftlichen Zusammenkünften – basieren auf Autorität, Hierarchie und Kontrolle. Das ist die Herausforderung für jeden einzelnen von uns: Die Liebe, das Vertrauen und den Mut aufzubringen, Autorität als notwendiges Mittel zu akzeptieren, um die Ordnung aufrechtzuerhalten, sie aber als Lebensstil zurückzuweisen. Beobachtet man ein Kind, wie es lernt, aufrecht zu stehen, wird man Zeuge, dass es immer wieder hinfällt, ehe es die Sache erfolgreich gemeistert hat. Doch das Kind gibt nicht auf, jeder Fehlversuch lässt es einen neuen Anlauf nehmen. Aus jedem Fehlversuch lernt das Kind etwas. Den Kampf hat es in jeder Zelle seines Körpers und Geistes bereits gewonnen. Es ist zum Sieger geboren. Dasselbe Muster des unausweichlichen Sieges mit zahllosen Hürden und Fehlversuchen auf unserem Weg ist charakteristisch für das gesamte Leben, die gesamte Evolution des Menschen.

Doch das Lernen auf der Grundlage von Autorität konzentriert sich darauf, Fehler zu vermeiden und Fehlversuche zu reduzieren oder ganz zu verhindern. Bei dieser Methode wird ganz offensichtlich das goldene

Huhn geschlachtet, um an die Eier zu kommen. Unter Umständen erzielt man damit schnelle Resultate, doch die Quelle für herausragende Leistungen wird gekappt. Deshalb ist ein auf Zwang und Angst beruhender Lebensstil zum Scheitern verurteilt. Es ist, als sägte man den Ast ab, auf dem man sitzt.

Die Lebensauffassung, wonach die Liebe die Grundlage allen Lernens und aller Vervollkommnung sei, hat eine inhärente und universelle Beschränkung: Wir können nur verschenken, was wir auch selber bekommen haben. Wir können keine Liebe verschenken, wenn wir selbst keine erhalten oder sie nicht in uns entdeckt haben. Deshalb müssen wir unsere unterschwelligen Konflikte, subtilen Ängste und inneren Zwänge beobachten, und zwar mit ganzer Aufmerksamkeit. **Wir sollten lernen, wegen unserer Fehler und Misserfolge mit uns selbst nachsichtig zu sein. Wir müssen lernen, uns selbst bedingungslos zu lieben. Wir müssen lernen, der Beschäftigung nachzugehen, die wir bedingungslos lieben. Wenn wir das tun, erkennen wir gleichzeitig unsere Fähigkeit, das weiterzugeben und mit anderen zu teilen, was wir in uns selbst entdeckt haben, nämlich die Magie bedingungsloser Liebe. Wenn wir andere daran teilhaben lassen, erleben wir ekstatische Freude, Gelassenheit und Zufriedenheit, durch die unser Leben mit einem unbeschreiblichen Gefühl der Einheit transformiert und geheilt wird.**

ESSAY 50

Gibt es einen unermesslichen Schatz der Liebe in unserem Herzen?

Die Anhäufung von Geld und Wissen vermag uns eine Zeitlang Befriedigung zu verschaffen. Doch früher oder später verlieren diese Dinge ihren Reiz. Stattdessen tauchen erneut unerklärlicher Hunger, Verlangen, Ruhelosigkeit und das Bedürfnis nach etwas Neuem auf. Jetzt suchen wir vielleicht nach Ansehen, Popularität, sozialer Anerkennung, Macht, Nervenkitzel oder Abenteuer. Was immer wir wollen oder auch erreichen, früher oder später sind wir wieder unzufrieden, wird das Erreichte ein statistischer Faktor, bedeuten Wohlstand oder Wissen nur noch Belastung. Früher oder später müssen wir uns mit der Tatsache auseinandersetzen, dass körperliche Freuden sehr vergänglich sind, ja dass der Körper selbst bald dahin ist. Der natürliche Alterungsprozess lässt sich nicht endgültig aufhalten. Wir können nicht mehr zurück ins Kleinkind- oder Teenageralter, und irgendwann wollen auch unsere Beine nicht mehr so, wie wir das gerne hätten. Die natürlichen Alterungsprozesse, Krankheit, Gebrechlichkeit und schließlich der Tod zeigen uns, wie hinfällig unser Körper in einem unvorstellbar riesigen Universum ist. Dennoch klammern wir uns an dieses Materiebündel, das eines Tages Pflanzen als Dünger und Tieren als Nahrung dienen wird, an diese für uns extrem wichtige und ausschließliche Selbstidentität „Ich“. Durch diese Identifikation unseres grenzenlosen Bewusstseins mit einem belanglosen Materiebündel entsteht unsere Überlebensangst, unser Sicherheitsbedürfnis und unsere

Doppelmoral, die auf der Getrenntheit des Menschen von seinesgleichen beruht. Dieser Irrglaube an ein getrenntes Selbst, die Identifikation mit einem Namen und einer Form, schränkt unser Bewusstsein ein.

Es ist ein selbstauferlegter Schleier, von den Kräften der Natur und der Erziehung unterstützt. Auf den ausgetretenen Pfaden konditionierter Denk- und Handlungsweisen identifizieren wir uns mit einem Namen und einer Form, mit einer Staatsangehörigkeit und Religion, mit Dogmen und Doktrinen, mit Idealen und Ideen. Die fundamentale Fehleinschätzung, die all dem zu Grunde liegt, ist das angebliche Vorhandensein eines getrennten Selbst, und diese Fehleinschätzung wird zur Quelle all unserer Ängste und unseres Unglücks.

Die Entdeckung unseres tiefsten Selbst bedeutet, den Schleier der Getrenntheit zu zerreißen. Der Schleier der Getrenntheit sorgte für eine Reihe von Eindrücken in Form von Erinnerungen und für eine falsche Identifikation mit unserem Körper, seinem Namen und seiner Form. Natürlich ist und bleibt der Körper von der Geburt bis zum Tod mein ständiger Begleiter. Seine Freuden machen mich froh, sein Schmerz lässt mich leiden. Doch sind wir nicht mehr als unser Körper? Wie steht es mit unseren Gefühlen, Gedanken, Ideen, unserer inneren Welt, die vom sinnlich Wahrgenommenen nicht berührt wird? Was hat es mit unserem Bewusstsein beim Träumen oder im Tiefschlaf auf sich? Ganz offensichtlich bin ich wesentlich mehr als nur mein Körper. Zumindest bin ich auch eine Anhäufung von Erinnerungen und Phantasien, Ängsten und

Hoffnungen, Verlangen und Trieben, Instinkten und Bedürfnissen, die ihre Kraft eventuell aus meinen Denkmustern beziehen. Die gleiche Umgebung mag je nach Zeitphase positiv oder negativ auf mich wirken. Der gleiche Mensch mag mich in einer Situation, in der anderen nicht. Einmal spüre ich Zuneigung für einen anderen Menschen, dann wieder Abneigung. Was also bedeutet positiv oder negativ? Sind das nicht lediglich bequeme Bezeichnungen für angepasstes Denken und Handeln, für ordnungsgemäße Strukturierung und den Zusammenhalt der Gesellschaft? Sind nicht auch unsere höchsten Ideale lediglich Ansichten, die je nach Kontext und Umständen neu definiert werden müssen? Ein auf offener Straße begangener Mord kann zu einem Leben hinter Gittern führen. Wird dieselbe Handlung im Krieg bewerkstelligt, kann das zu nationaler Anerkennung, ja zur Verleihung der Tapferkeitsmedaille führen. Sind unsere Ansichten nicht durch Kontext und Umstände, Bedürfnisse und Lebenseinstellung jedes einzelnen geprägt? Doch bei allen Ansichten, von den primitivsten bis zu den hehrsten, handelt es sich eben um bloße Ansichten, weil sie auf der Illusion der Getrenntheit beruhen. Somit ist jede Klassifizierung, die den Menschen von seinen Mitmenschen trennt, eine Lüge. Sogar gesellschaftlich akzeptierte Dinge wie Patriotismus und Nationalismus, Religion und Ideologie, Ideale und Werte sind Lügen. Da wir in einer Kultur leben, die auf solchen Ansichten beruht, auf einem System konformistischer Individuen, die so dressiert werden, dass sie für bloße Anschauungen zu leben und sterben bereit sind, müssen wir uns mit den verheerenden Folgen von Konditionierung, Entfremdung, Hass, Elend und Krieg auseinandersetzen.

Doch im Laufe eines jeden Kampfes versuchen Sieger und Besiegter ihre eigenen Bedürfnisse und Wünsche, ihre Überzeugungen und Wertvorstellungen durchzusetzen. Jeder Mensch versucht, die ihm innewohnende Vollkommenheit auszudrücken. Der eine versucht das harmonisch auf gesellschaftlich akzeptable Art und Weise, der andere probiert es auf eher verquere Weise. Doch die beiden Möglichkeiten hängen miteinander zusammen. Gut und Böse sind stets die beiden Seiten derselben Medaille. Probleme des einzelnen sind stets auch die Probleme aller. Der Schmerz eines einzelnen betrifft uns alle. Die Tränen eines einzelnen Menschen spiegeln die Qualen des menschlichen Leids und sind wie von uns allen geweinte Tränen. Die grundlegende Einheit der gesamten Schöpfung ist das einzige, was zählt, alles andere sind nichts weiter als Anschauungen. Die unleugbare Einheit der Menschheit, aller Geschöpfe und der Schöpfung lässt sich an den simplen Tatsachen des Lebens ablesen. Es ist nicht möglich, wirklich glücklich zu sein, ohne dieses Glücksgefühl weiterzugeben. Wirklich fröhlich ist man nur dann, wenn man Fröhlichkeit ausstrahlt. Und lieben kann man eigentlich erst, wenn man mit Liebe erfüllt ist. Freundschaft oder Liebe lässt sich nicht wie eine Kunstform, Methode oder Technik ausüben.

Tun wir das trotzdem, dann bleibt unser Herz leer und die Freundschaft oder Liebe ist nur geheuchelt. Womöglich sind wir gute Schauspieler, die ihre wahren Gefühle erfolgreich und geschickt verstecken. Doch unser Herz sehnt sich nach wie vor nach Integrität, Aufgeschlossenheit, Gelassenheit und Liebe. Jede Zelle unseres Körpers wird sich gegen Selbstverleugnung, geheuchelte Gefühle und heuchlerisches Verhalten zur Wehr setzen, wenn es nicht wirklich von Herzen kommt.

Die Sehnsucht von Herz und Verstand nach Frieden und innerer Harmonie, nach Einheit in uns selbst ist für sich genommen die kraftvollste Erinnerung daran, dass im Grunde genommen alles, was existiert, zusammengehört, trotz der verwirrenden Mannigfaltigkeit der Formen. In dieser Einheit zu verharren, bedeutet Glückseligkeit, dieses unendliche Bewusstsein als unser tiefstes Selbst wahrzunehmen, bedeutet höchst ekstatische und freudvolle Erfahrungen. Da es sich dabei um unser tiefstes Selbst, um unser wahres Wesen handelt, müssen wir, um es ausfindig zu machen, lediglich zu Spontaneität und Stille, Abgeschiedenheit und Ruhe zurückkehren. Sind die Muster konditionierter Reaktionen erst einmal aufgeweicht, spüren wir ganz ohne unser Zutun das unendliche Bewusstsein, das uns eigentlich ausmacht. Das unsichtbare Licht, das unseren Intellekt erleuchtet und Einsicht und Verständnis erleichtert, die ruhige Gelassenheit, die die Heimat unbeschreiblichen Friedens und der Ekstase bildet, stellt in der Tat den unendlichen Schatz der Liebe im eigenen Herzen dar. Es ist ein unerschöpflicher Schatz, dieses tiefste Selbst, eine eingesperrte Pracht, die sich gerne verströmen möchte, eine uns innewohnende Vollkommenheit, die zu allen Zeiten nach Ausdrucksmöglichkeiten strebt.

Es gibt in meinem Leben ein Gefühl der Einheit mit den Menschen dieser Erde, und zwar unabhängig von Alter, Geschlecht, Konfession, Staatsangehörigkeit, Rasse, Hautfarbe, materieller Situation und gesellschaftlichem Status. Wie es entstanden ist, weiß ich nicht. Allerdings bin ich mir absolut sicher, dass es kein Gefühl ist, sondern nichts als die Wahrheit. Im Grunde sind wir alle eins. Es gibt eine unteilbare Einheit des Lebens und der Schöpfung, die nicht zerstört werden kann, auch wenn es an der Oberfläche zu Konflikten und Unterschieden kommt. Diese Alleinheit ist typisch für die gesamte Menschheit, ja letztlich auch für die gesamte Schöpfung. Dahinter steckt kein Glaubenssatz oder eine Idee, die befürwortet werden soll, auch keine Erfahrung, die es zu erinnern oder zu wiederholen gilt, und auch keine Doktrin, der man folgen sollte. Für meine Begriffe ist es eine grundlegende Tatsache: es ist einfach so. Diese letztliche Einheit ist es, was uns ausmacht. Unser gesamtes Leben beruht auf einer ununterbrochenen Kontinuität der Beobachtung, die wir als „Ich" bezeichnen. Das „Ich" ist nicht der Körper, denn dieser ist ständig im Wandel begriffen, es ist nicht das Denken, denn das ist in ständigem Fluss, und auch nicht der Intellekt, denn auch unsere Ideen sind für immer und ewig etwas Dynamisches. Doch unser Bewusstsein, das uns erst ermöglicht, etwas zu begreifen, ist ungebrochen, ist etwas Kontinuierliches genau wie unsere Selbstidentität „Ich". Der Irrtum scheint zu sein, dass wir uns auf der Grundlage von sinnlichen, geistigen und intellektuellen Begrenzungen als voneinander getrennt wahrnehmen und erleben. Dieser Eindruck der Getrenntheit ist grundlegend falsch, dennoch liegt er all unseren Versuchen zugrunde, der Wahrheit auf die Spur zu kommen, sei es mit den Mitteln der Religion oder der Wissenschaften. Diese Verkennung der Tatsachen bildet die große Illusion, die große Lüge, den Schleier, hinter dem sich unsere Einheit versteckt. Das Herz spürt diese Einheit auf eine Weise, die sich nicht mit Worten ausdrücken lässt. Diese Erfahrung lässt sich nicht wiederholen. Es ist eine Erkenntnis, die unser ganzes Leben ein für allemal grundlegend und radikal verändert. Der Wandel ist grundlegend und verändert unsere Sicht auf die Dinge, so dass das Gefühl der Einheit zur Grundlage unseres Verständnisses wird. Für mich ist es genau diese dauerhafte Glückseligkeit, wonach wir alle suchen, die wir aber weder durch materielle noch geistige Errungenschaften erreichen können. Ganz realistisch betrachtet bildet diese ungebrochene Einheit des Lebens und der Schöpfung unser verborgenes Wesen, unser eigentliches tiefstes Selbst. Die Entdeckung dieses Selbst, das ist die Reise des Menschen auf seiner Suche nach dem Glück, und jeder ist dabei auf seiner individuellen Reise unterwegs. Jeder Mensch ist auf seiner eigenen Reise zur Selbstentdeckung. Ob wir uns darüber klar sind oder nicht, diese Suche ist die Suche nach dauerhafter Glückseligkeit.

Ashok Gollerkeri, Bangalore, Indien

QUELLENANGABE

Zitat (Umschlagseite innen):

Ramana Maharshi: NAN YAR? Wer bin ich? Who Am I?

zweisprachige Ausgabe dt./engl.

Hrsg. Rüdiger Porep, advaitaMedia, Hamburg 2003

www.advaitamedia.com

WEITERE PRODUKTE AUS DEM

WUWEI VERLAG

«DAS NOTIZBUCH FÜRS WESENTLICHE»

18,– € · Autor: Wolf Schneider

ISBN 3-930953-03-X

Suchen Sie einen schönen und inspirierenden Begleiter durch das Jahr?

Dieses mit großem Einfühlungsvermögen auch optisch sehr schön gestaltete Büchlein begleitet nicht nur, es überrascht auch mit ungewöhnlichen Aufgabenstellungen, die schon so manchen auf sanfte Art wachgerüttelt haben. Motto: Behalte den Überblick, gewinne den Einblick und genieße den Augenblick! In dem Buch drückt sich die Liebe zum Schönen und Einfachen aus, die Lust am Erfinden und Erschaffen und an der Kommunikation. Es führt auf einen Weg, der sich Schritt für Schritt öffnet und Sie auf die Spur zum Wesentlichen führt.

»DIE ABENTEUER VON ELISIA, DEM KLEINEN EINHORN«

14,80 € · Autorin: Rita von Assel

ISBN 3-930953-08-0

Elisia, ein kleines rosafarbenes Einhorn, hat seine Eltern verloren und fühlt sich schrecklich einsam. So macht sich die Kleine auf, um andere Einhörner zu finden. Aber die Menschen haben sich von der Natur, den Naturgeistern und auch untereinander entfremdet. Doch Liebe, Zuneigung und Freundschaft als positive Energien sind die Lebensgrundlage der Einhörner. Und davon gibt es immer weniger, also gibt es auch immer weniger Einhörner. Elisia hat Glück und findet eine Menschenfrau, die ihr auch die lebensnotwendige Zuneigung und Obdach gewährt.
Und eines Tages passiert das Unglaubliche: Bei einer Reise mit ihrer Menschenfreundin begegnet Elisia einem Artgenossen...

«Die „Menschliche Schule"»

26,– € · Autor:

Dr. med. Ulrich Moh

ISBN 3-930953-00-5

Tausende von Jahre haben uns spirituell-religiö se Bücher wie die Bibel, d Tao Te King, die Veden ur andere begleitet. Es wurc lange genug gerätsel gedeutet und vermutet, jet ist eine neue Zeit angebrc chen! Die „Menschlich Schule" bringt in der Sprach unserer Tage, für jeden les bar und frei von jede Dogma die Zusammenhäng und den Sinn unserer We auf den Punkt. Inspiratio die Stärkung der eigene Intuition und erste Schrit zum prallen Leben im HIE und JETZT winken dem Les als Lohn.

«ABENTEUER BEZIEHUNG»

42,– € · Autoren: Isabella Sonntag, Ralf Nemeczek

ISBN 3-930953-06-4

Wir brauchen keine anderen Menschen, die uns unser Herz zerschießen. Wir machen das mit uns selbst – tagtäglich. Weil wir keine Verbindung mehr zu uns selbst und damit auch nicht mehr zu anderen Menschen haben, ist Freude nur kurzfristig unser Gast. Unsere Lebensqualität wird durch die Qualität unserer Beziehungen bestimmt. Sind sie schwer, schwierig, anstrengend, kompliziert oder leicht, einfach, freudvoll und erfüllend?

«ABENTEUER BUSINESS»

42,– €

Autoren: Ralf Nemeczek, Isabella Sonntag

ISBN 3-930953-04-8

Für die beiden Autoren dieses außergewöhnlichen und kunstvollen Buches Isabella Sonntag und Ralf Nemeczek ist unternehmerisches Engagement in der Vorstellung begründet, dass Menschen ihr Vergnügen entdecken und dann lernen, ihren Impulsen zu folgen. So kann das Business zum Abenteuer werden.

Jenseits von Manipulation und Verbalkarate plädieren die Autoren dafür, auf die innere Stimme zu hören und die eigenen Talente zu entdecken.

WUWEI VERLAG

«ABENTEUER MOMENTE»

9,90 € · Autor: Ralf Nemeczek

ISBN 3-930953-10-2

ist die ultimative Herausforderung für all diejenigen, die fest dazu entschlossen sind, ihr Leben in vollen Zügen zu genießen und es aktiv in ein aufregendes Abenteuer zu verwandeln.

Dieses Buch besteht aus verschiedenen Inhalten der ABENTEUER TRILOGIE und deren praktische Umsetzung. Die Anregungen in diesem Buch sind so spektakulär unspektakulär, dass man fast schmunzeln möchte. Doch eines ist sicher: Setzt man diese Anregungen einmal um, dann befindet man sich im Abenteuer pur. Im ABENTEUER voller MOMENTE des Mitgefühls, der Lebenskraft und der Schönheit des Lebens!

«ABENTEUER LEBEN»

42,– € · Autoren: Ralf Nemeczek, Isabella Sonntag

ISBN 3-930 953-07-2

Dieses Buch ist für Fortgeschrittene – für die, die es wirklich wissen wollen. Es ist gefährlich, riskant und messerscharf. Es ist für Menschen, die ihr Leben in vollen Zügen genießen wollen. Menschen, die ihre Visionen wahrhaftig umsetzen und ihre Mission leben und teilen wollen. Es zerbricht Glaubensätze, feste Standpunkte und zersprengt all die Dinge, mit denen wir uns selbst klein halten.

ABENTEUER LEBEN bringt Licht in die geheimnisvolle Dunkelheit zwischen Zufriedenheit und Unzufriedenheit.